JN194023

AI時代の営業は「これ」だけ!

大塚 寿
Otsuka Hisashi

「AIに置き換わること」
「AIにはできないこと」がズバリ分かる

はじめに

営業の世界にもＡＩ革命の波が押し寄せてきた！

私がはじめて「ＡＩ」という単語を聞いたのは、もう四半世紀以上前のことになります。当時、営業コンサルで担当した大手ＩＴ企業の取締役のＮさんが、１９９０年代の初頭からずっとＡＩを担当していたためです（その時は開発の苦労話を聞く程度でしたが……）。

また10年程前には、別のＩＴ企業で、金融機関向けにＡＩチャットボットを提案する仕事にかかわったこともあります。

そんな私から見ても、昨今のＡＩ技術の発展と普及のスピードには驚かされるばかりです。それは、これまで極めて人間的な要素が大きいとされてきた営業の分野でも、無関係ではありません。

２０２４年3月に、私も参画している営業パーソン向けのオンライン講座「営業サプリ」で、ＡＩの活用状況について調査しました。その結果、７・３％の企業が営業においてＡＩを「とても活用」しており、19・４％の企業は「やや活用」していると回答しています。

つまり、すでに四分の一以上の企業が、なんらかの形で営業にＡＩを活用している状況なのです。この数字は今後も加速度的に上昇していくでしょう。

具体的な取り組み方は業界によって様々ですが、例えばホームページを訪れた見込み客とのチャットボットでのコミュニケーション、問い合わせに対してフォローメールの生成・自動送信、案件化率の分析、リスト化までＡＩが担い始めています。

あるいは、顧客のプロファイル、お困りごと、訪問履歴、提案履歴、取引履歴など日々の営業情報をＡＩに学習させて、営業のベストプラクティスを導き出そうとする動きも出ています。

そして、そうしたＡＩ活用の事例が蓄積されていく中で、多岐に及ぶ営業の仕事において「ＡＩに任せたほうがいい仕事」と「ＡＩには任せず従来通りに営業パーソンがやったほうがいい仕事」があることも徐々に浮き彫りになってきています。

ＡＩは営業の周辺業務を効率化してくれる

まず「ＡＩに任せたほうがいい仕事」について触れましょう。

例えば営業準備の場面において市場分析、ターゲティング、顧客分析などで、ＡＩは営業パーソンにとって強力な相棒、パートナー役になってくれるでしょう。すでに、生成ＡＩの情報に数十名のアナリストレポートを組み合わせた業界分析や、顧客の部長クラスの課題を推測するＤＸソリューションも登場しています。

また、事務作業の軽減もＡＩの得意とするところです。顧客訪問、提案や見積り作成といった営業パーソンのコア業務をこれまでことごとく邪魔してきた周辺業務……例えば日報などの社内書類作成、案件進捗の入力、メモの整理、ＲＦＰ（Request for Proposal：提案依頼書）への対応・手配といった雑務を、ＡＩは巻き取ってくれるのです。

さらにはメール文の生成、提案構成の考案、プレゼンツールの考案といった思考系、見積り・積算といった作業系業務も、ＡＩは信じられないくらいのスピードで代行してくれます。これは「革命」と言っても言いすぎではないでしょう。

感情移入が必要な領域は人間の出番

他方、ＡＩに任せるより営業パーソンがやったほうがいい領域もハッキリしてきました。

まず、顧客との双方向のコミュニケーション。特にヒアリングは日本の場合「推しはかることができるかどうか」が生命線なので、営業パーソンがやらざるを得ません。例えば、ＡＩは相手の「結構です」という言葉の意味が「それで結構です」というイエスの意味なのか、「いや、結構です」というノーの意味なのかを、その場の空気や声のトーンで推しはかることすらできないのです。これでは、ＡＩは〝売れる営業〟にはなれません。

また、顧客の抱える課題の分析、課題解決のための提案の立案などの場面でも、ＡＩはヒントを与えてはくれるものの、それはあくまで一般論レベルに留まります。コンペで勝とうと思えば、個別具体的に相手の真の課題や期待、真意などを読み解き、成約の決め手となる創造的問題解決策を立案する必要があり、やはりそこは人間でなければできない領分です。

トラブル対応もしかりで、やり取りに誠意が感じられなかっただけで簡単に（しかも場合によっては十数年間も）出入り禁止になる世界です。訴訟沙汰になるのも珍しい話ではありません。なので、どうしても機微を理解できる人間の出番となります。

このように、ＡＩがいくら進歩しても、営業パーソンの出番はなくならないのです。

〝ＡＩ×ベタな営業〟の組み合わせが最強

それでは、このような時代に私たち営業パーソンはどう対応すべきでしょうか？

実は、もう答えは出ています。

それは「〝ＡＩ×ベタな営業〟の組み合わせが最強！」ということです。

ＡＩは上手に使えば営業活動を大いに効率化してくれますから、そういう部分では積極的に活用すべきでしょう。ただし、現状では生成ＡＩに入力するプロンプト（指示や質問）１つとってもコツがありますし、一見もっともらしいウソが生成されてしまうハルシネーション（英語で「幻覚」の意味）の罠にも気をつけなければなりません。なので、そうした「使いこなし方」を学ぶ必要はあります。

一方で、私が新卒で入社したリクルートで、たまたま同郷だった伝説的トップ営業パーソンに徹底的に伝授されたような、昔ながらの「ベタな営業」も必要なくなるわけではありません。なぜなら、あなたがＡＩの恩恵を受けるのと同様に、当然ライバルたちもＡＩの恩恵を受けるので、そこでは差がつかないからです。これからどれだけＡＩが進化していったとしても、結局、最後は営業パーソン個人の営業力勝負になるというところは変わらないでしょう。

つまり、私たち営業パーソンがこれから目指すべきは「ＡＩに任せられるところは任せて、人間にしかできないところだけに集中する」スタイルなのです。

ＡＩ時代の「売れる営業の型」を身に付けよう

本書は、そうしたスタイルに必要な「ＡＩの使いこなし方」から「人間にしかできない営業テクニック」までをまとめた、言わばＡＩ時代を生きる全営業パーソンのための「カンニング・ペーパー」「あんちょこ」です。このＡＩ時代に営業の成果を出すための

「こう行動しましょう！」という具体的動きを余すところなく紹介していきます。

とはいえ、決して難しいことではありません。

「売れる営業」には型があります。スポーツや習い事で言うところのフォームです。それは私がリクルートでトップ営業パーソンから学び、ＭＢＡ留学で体系化し、「営業サプリ」で伝えてきたことであり、その通りにやれば誰でも成果が出せるようになるものです。

本書では、そうしたＡＩ時代なればこその「売れる営業の型」をできる限り数多く紹介していきます。ご自身の具体的行動、日々のルーティンに落とし込めるように、フレーズや会話例、事例をふんだんに盛り込み、同時に考え方も解説する体としました。

ぜひ、１つでも２つでも「できそうなこと」から行動に落とし込んでみましょう。きっとあなたの営業人生が変わるはずです。

本書を通じて、あなたにずっと寄り添い、あなたが成果を上げることを応援し続けます。

２０２４年８月

大塚寿

AIに置き換わること

- 市場分析
- 顧客分析
- 営業資料の作成準備　※結局、これまで時間を要していたのは「準備」
- 見積りの作成準備
- 提案書の作成準備、考案
- 仕様書の作成準備
- 技術資料の作成準備
- 社内事例の共有支援
- 類似案件調査
- 営業管理帳票（日報、進捗管理帳票）の作成（SFA）
- 新規顧客のターゲティング
- 新規顧客のリストの元データ作成
- 顧客満足度調査
- 営業虎の巻（Q＆A集）

AIにはできないこと

- 新規開拓のアプローチ
- ２回目訪問
- 企画提案
- 価格交渉
- 納期交渉
- 仕様調整
- 社内調整
- プレゼン
- クロージング
- クレーム処理
- 案件を前に進める有効な「次の一手」

第1章 AI時代の新規案件開拓は「これ」だけ

目次

第3章 AI時代の提案は「これ」だけ

第5章 AI時代の交渉は「これ」だけ

第6章 AI時代のトラブル対応は「これ」だけ

巻末資料 営業パーソンが知っておくべきAIプロンプトは「これ」だけ

第1章

AI時代の新規案件開拓は「これ」だけ

アカウント（既存顧客）営業と比較して、新規案件開拓の難易度は5倍程度と言われいます。特に最近は、よほどの理由がない限り、顧客は新顔の営業パーソンには会わなくなりました。では、そのような新規案件開拓営業受難の時代に成果を上げた方法とはどのような方法なのでしょうか？　答えは「AIと、その対極にあるベタな営業の組み合わせが圧倒的に強い！」です。その具体的な方法を、この章で共有していきます。

1 相手の業界の現状をAIで把握しておこう

生成AIなら「秒」でアウトラインをまとめてくれる

アカウント顧客に対する新規案件開拓でも、ど新規の新規顧客開拓であっても、顧客の業界の現状把握は最初の基本行動です。

かつては日経○○とか、東洋経済○○とかの業界特集やムック、就活用の「業界研究：○○業界」といった書籍やネット記事を用いたものですが、そこはもう生成ＡＩが「秒」でアウトラインをまとめてくれるようになりました。

さらには、企業名を入力するだけで、数十名のアナリストレポートを組み合わせた業界分析や、その企業の部長クラスの課題を仮説として提供するＤＸソリューションも登場しています。

食品業界に需要予測ソリューションを営業するなら？

分かりやすいように、具体例を紹介しましょう。

例えば、あなたがIT企業の営業パーソンで、食品業界に需要予測ソリューションを営業しようとしているとします。この場合、生成AIのプロンプトに次のように入力します。

> 食品業界の課題を教えてください。

そうすると、AIはいくつかの課題を挙げてくれます。例えばChatGPT 4o miniで試したところ、「サステイナビリティと環境問題」「食品の安全性」「食糧の浪費」「健康と栄養」「グローバルな供給チェーンの問題」「消費者の期待とトレンド」「技術の進化」「規制と法令遵守」の8項目を挙げてくれました（2024年8月現在）。

この段階ではまだ大雑把すぎて営業のヒントにはなりませんが、この中では「食糧の浪費」は深掘りすれば、需要予測ソリューションを訴求する課題には使えそうです。この場合、続けて生成ＡＩのプロンプトに次のように入力します。

> 食糧の浪費について詳しく教えてください。

そうすると、食品業界の中でも「加工・製造・販売段階」で需要予測の誤りによる廃棄ロスが発生していることが分かります。例えば５０００万円の投資で廃棄ロスが年間10億円削減できるなら、需要予測ソリューションは導入に値するはずです。営業先のヒントが見えてきました。

アプローチ準備としては60点以上の現状把握でいい

このように生成ＡＩでは、最初の回答が大雑把すぎても、「さらに詳しく」「切り口を変えて」などと指示していけば、現状把握のヒントは得ることができるようになってきました。そこで出た使えそうな項目をさらにＡＩで深掘りするか、ネット検索に移行す

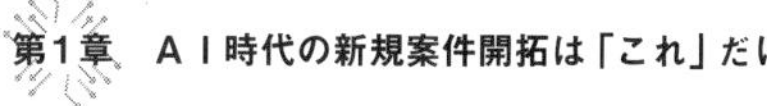

るかはその内容次第ですが、いずれにしても「10分で完了させる顧客分析」で、業界の輪郭、業況、具体的な課題を把握しておきたいのです。

もちろん、こうした情報の精度は１００％である必要はありません。顧客へのヒアリングや商談の中で正確な情報は聞けるので、あくまで訪問前、アプローチ準備の段階で相手に「この営業パーソンは使えそう」という期待を抱かせるレベルで十分です。まずは60点以上の現状把握を目指してみましょう。

2 「ならでは」の現場情報を加えよう

生成ＡＩのアウトプットには限界がある

生成ＡＩの登場以前は、顧客や見込み客の課題や、その業界の課題を短時間で把握するのは「できる営業パーソン」の専売特許でした。そのために、マーケティングや戦略論を勉強し、日経新聞や業界誌を読み、ネットニュースをチェックし、社内勉強会やセミナーに参加して知見や情報を仕入れていました。

それが今や、前項で説明したように、生成ＡＩに「〇〇業界の課題」と入力するだけで、瞬時に5～6項目の箇条書きと短い解説が生成されます。

そのこと自体は素晴らしいのですが、注意点もあります。

生成ＡＩはもともとがインターネット上の情報をベースにしているだけに、そのアウトプットは極めて平均的なアウトラインとなります。それを「薄っぺらい」と評する管理職や経営陣も少なくありません。

また、不正確な情報も混じりますので、ＡＩが生成したアウトプットをそのまま鵜呑みにするのも危険です。

なにより、ライバル企業の営業パーソンも生成ＡＩによって同じ情報を得ている可能性が高いので、それだけでは差別化のポイントにはなりにくいでしょう。

差別化のカギは「ならでは」の情報

なので、生成ＡＩのアウトプットはそのままでは営業活動の〝切り札〟にはなりません。

要は、料理で言うところの材料レベルで、まだ料理になっていないので、そのままでは食べられないという意味です。同じ材料であっても、料理人の腕によって出来上がる一皿がまったく別のものになるように、生成ＡＩのアウトプットを営業に生かすには「ひと手間」を加えることが必要になります。

勝負はここからです。

AIが生成したいくつかの課題のうち、もっとも優先順位の高そうで、営業の焦点になりそうな3項目程度に絞って、さらに顧客が食いついてきそうな「ならでは」の情報――つまり「現場を知っている人ならではの情報」「業界に精通している人ならではの情報」を準備するのです。

「現場、現状、現実」の情報を入手しよう

では、具体的にはどのような「ならでは」の情報を入手すればいいかと言うと、差別化のポイントになりやすいのは「現場、現状、現実」の情報です。

①現場、現状

可能なら、あなた自身が実際に現場、現状を見て、課題や問題点を見出すのがいいでしょう。いわゆる現地調査（現調）です。売場、建物、工場見学、機器構成、エレベーターの乗り心地、寸法などを実際にその目で見て確認、実測する方法になります。

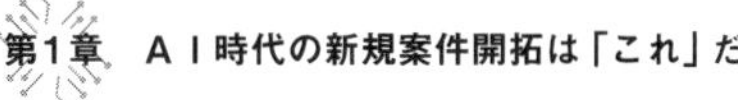

また、自社の前任者、技術者、フィールドサービスの担当者、代理店の担当者など、聞きやすい人から「ならでは」の情報を入手するのもおススメです。

②現実

「現実」については、単に現実を把握するだけでなく、「理想」と「現実」のギャップを明確にしておくのがポイントです。顧客が「そう、そう。そうなんだけど、どうすればいい？」と感じてくれれば、解決策を一緒に考える立ち位置が得やすくなります。

3 アタックリストを作成しよう

新規顧客開拓の成否はリストで決まる

業界研究が終わったら、次はリスト作りです。

新規顧客開拓の成否は「リストで決まる」と言っても過言ではありません。案件化率の高い見込み客リストが作れるかどうかで、成果は決まってしまうのです。

例えば「勤怠システム」の営業なら、労働基準監督署の立ち入り調査があった企業は、導入する可能性が高い見込み客であることは想像に難くないでしょう。したがって、そうした企業のリストがあれば、新規顧客開拓の成功率がグンと上がること間違いなしです。

もちろん、立ち入り調査のリストそのものが表に出ることはまずないでしょう。しかし、大手企業の場合は実名報道される場合もあるので、調べようはあります。

また、実際の立ち入り調査がなくても、ネットの書き込みや口コミなどで、グレーゾーンの企業を類推することは可能です。つまり、残業時間の多い業界、企業をリストアップすればいいのです。

ちなみに「○○の不夜城」と揶揄されたＩＴ企業もありましたが、都内なら、月の半ばの水曜日辺りに夜21時とか22時に夜回りして、本社や事業所の明かりが煌々と灯っている企業や団体のリストを作れば、即有効なリストになるでしょう。残業時間の一応の目安は就活媒体などでチェックできます。

リスト作成はＡＩより古典的な媒体が頼りになる

では、リストはどうやって作成すればいいのでしょうか？

ＡＩもリスト作成に強そうなイメージですが、実は２０２４年の段階でも、昭和から続く古典的な専門誌（紙）や業界団体の会員名簿などの情報のほうに軍配が上がります。

例えば、新設の物件情報、工場の新設情報などは、専門誌・紙（なんと「食品業界の設備投資計画」に特化した週刊媒体まで存在します！）やその出版社が運営するデータベースといったクローズの世界でやり取りされているため、ＡＩがその情報を学習するまでに至ってはいません。

また、各業界団体の会員名簿は、大きな図書館やネットで入手可能です。どんな業態でも営業対象になる場合は、帝国データバンクなどの調査会社のサービス、経済誌（紙）やネット記事の特集、求人系サイトの情報をアタックリストとして流用・代用することも可能となります。

このように、何か流用できるリストがないか、という発想は常に持っておきたいものです。

既存リストにはない情報は専門業者を活用

既存媒体のリストを使う以外の方法としては、専門の業者にお願いする方法もあります。業種や規模、属性などの条件を決めれば、リストやリストのデータベースを作成してくれる企業は大小たくさんあります。さらには、リスト作成から見込み客の発掘、初回のアポイントの獲得まで代行してくれるアウトソーシング会社まで数多くあります。

ちなみに、こうした業者がリストを作成する際には、ネットや企業年鑑などの媒体だけではなく、足で現場を回って集めるケースもあります。

例えば、代表受付のない無人受付に掲示された席次表＋内線番号表は、リスト販売業者や、お行儀の悪い営業会社の恰好の餌食となりました。いろいろな会社の席次表＋内線番号表をスマホで撮影して回って、リスト化していました。

あるいは、展示会などで、サンプル交換にかこつけ、スマホで担当者の名札を撮影してしまう手荒な方法も散見されます。

こうした手法の是非はともかく、既存のリストには載っていない情報が欲しい場合には、専門業者に相談してみることも検討していいでしょう。

社内に埋もれた有望リストも発掘しよう

また、リストは外部から調達するだけでなく、自社の内部から調達する方法もあります。

特に優先順位が高いのは、休眠顧客（過去に取引があったが、今は取引していない顧客）のリストです。なぜ取引がなくなってしまったかの理由にもよりますが、その理由が解消できれば、取引を再開できる可能性は非常に高いです。

また、過去数年間の自社のホームページに問い合わせがあった顧客や、展示会でブースを訪れた顧客、セミナーに参加した顧客のリストも有望です。このうち、なんらかの理由で案件化しなかった顧客を過去に遡ってリスト化して再度営業をかけるのです。

こうしたリストの中には、顧客の規模が小さすぎて与信が通らないとか、単なる情報収集だったというケースは除いて、ある一定以上の規模感がありながら、仕様が合わない、価格が合わない、納期が合わないとかの理由で、案件化しなかったというケースも少なくないでしょう。タイミングが合わなかっただけの場合は、1年後とかリプレース時期の数年後に案件化することも少なくありません。そうしたタイミングを逸しないために、定期的に顧客接点をキープするためにリスト化しておきましょう。

他には、「それ、早く言ってよ～」のＣＭが記憶に残る名刺管理システムなどによって、全社員が過去に名刺交換した企業のデータベースも、案件化の確率が高いリストになるでしょう。

イノベーターを探せ！

なお、スタンフォード大学のエベレット・M・ロジャーズが提唱したイノベーター理論によれば、新製品や新サービスを「待ってました！」とばかりに導入してくれる企業や団体は、全体の2・5%あると言われています。この2・5%を「イノベーター」と呼ぶのですが、それがどういった特性、属性を持つ企業なのかを類推して、全体の中からあぶりだす――これが、新規顧客開拓におけるリスト作りの基本的な考え方です。

2・5%では細かすぎるので、3%としてしまう営業組織も少なくないですし、私も3%を黄金律として用いるようにしています。

あるいは、ある程度の見込み客の数が欲しい場合は、イノベーター理論によれば2・5%の次の13・5%が「アーリー・アダプター」と呼ばれる初期採用者なので、合わせて16%を全企業、官公庁、自治体、学校、団体の中からあぶりだすというイメージのほうがいいかもしれません。ちなみに、この16%が「普及の壁」と呼ばれ、次に続くマジョリティ層に広がるか否かの基準として用いられています。

4 キーパーソンの実名を調べよう

中小企業のキーパーソンはだいたい社長

新規案件開拓、新規顧客開拓を仕掛けるには、相手企業のキーパーソンへのアプローチが鉄則になります。

もし相手が従業員数100名以下の中小企業であれば、キーパーソンはだいたい社長になるでしょう。このくらいの規模の企業というのは、権限委譲が進んでおらず、「1万円以上の決裁権はすべて社長」といったケースが少なくありません。

そして、どんな企業でも社長名だけはホームページで普通に入手できます。したがって、キーパンソン探しは容易です（その代わり、社長に会えないと案件自体が発生しない、案件が前に進まないといったことが起こりますが……）。

大手なら営業先になる部門の「部長」がターゲット

一方、新規案件開拓、新規顧客開拓を仕掛ける相手が大手企業やざっくり従業員500名以上の企業の場合は、キーパーソンを探し出すのは容易ではありません。相手が大手になればなるほど、部門や事業所の数が増えるだけでなく、案件にかかわるステイクホルダーと言うか、かかわる人の数が多くなるからです。

その場合はとりあえず、営業先になるであろう部門の「部長」を最初のキーパーソンとして考えましょう。もし営業先がどこの部門になるのかが不明なら、ホームページやネット検索で組織図を探し出し、該当するであろう部門名を推測してください。最近では、あえて組織図をホームページに掲載しない企業もあるのですが、その際は求人関連のページを見ると、社員紹介で部門名が分かる場合も少なくありません。

もちろん大きな企業だと、実際には課長級や現場のリーダーがキーパーソンになることもあります。しかし、それでも数百万円、数千万円以上の案件となると役員や役員会、常務会といった決裁になるので、まずは会うことが可能な部長に〝とりあえず〟アプローチするのがもっとも合理的な方法となるのです。

相手が売上数兆円規模の大手で、部長クラスと会うことが難しかったり、気後れしそうな場合は課長クラスでもいいのですが、逆に課長クラスのほうが実名を把握するのが難しいでしょう。

ダイヤモンド社の役職者データベースやネット検索で実名把握

では、その部長の実名はどうやって把握すればいいのか?

定番は、ダイヤモンド社（現ダイヤモンド企業情報編集社）の役職者データベースを使うことです。大手から中堅の1万3000社、20万人の役職者がデータベース化されています。かつて「営業会社」と称される企業の営業パーソンが愛用した「ダイヤモンド会社職員録」が前身ですので、その威力は実証済みです。

ただし、これは有料サービスですので、予算をかけたくない場合、想定顧客がある程度限定される業界であれば、ネットで検索して同等レベルの情報を把握することも可能です。「企業名＋部門名＋部長」で検索すれば、異動ニュースなどが簡単に見つかるでしょう。

営業パーソン1人当たりの担当が100社以下なら、営業パーソン自らネットで異動ニュースや求人関連のホームページなどを検索するキーパーソン調査も、スキル向上になるのでおススメです。

キーパーソン探しにはAIは無力

ちなみに、こうしたキーパーソン探しには、AIは現状では無力です（2024年8月現在）。

実際に「○○社（ある大手企業名）に営業研修の営業を仕掛けたいのですが、キーパーソンを教えてください」というプロンプトを使い、生成された回答に「実名は分かりますか」と続けたら、LinkedInからの検索結果ということで3名の部署、役職名、名前が回答されました。続けて、「直通電話番号は分かりますか」と入力したら、プライバシーとセキュリティの観点から提供できないと断りつつも、LinkedInのメッセージ機能の紹介と代表電話を教えてくれました。

ところが、キチンと調べてみると、LinkedInからの検索結果というこの3名は、どうやら○○社のホンモノの社員ではなさそうなのです。

したがって、ＡＩの情報は鵜呑みにせず、異動ニュースやそれこそLinkedInなどで裏付けを取ることが必須です。特に有名人以外の実名については、生成ＡＩを信じてはいけません。

5 最適なアプローチ方法を選択しよう

効果的にアポイントを取る4つの方法

キーパーソンが判明したら、次はアプローチです。まずはアポイントを取らなければいけません。

では、どうやってアポイントを取るのか？

かつてはリストをもとに片っ端から電話をかけてアポイントを取り付けるアプローチが主流でした。いわゆる「テレアポ（テレフォン・アポイントメント）」「テレマ（テレフォン・マーケティング）」と呼ばれる手法です。

しかしこの方法は、営業パーソンの疲弊が激しいこと、属人的な要素に成果が大きく左右されることといった課題を抱えていました。そこでテレアポをアウトソーシングてみたり、自社に専門のインサイドセールスのチームを編成したりと、昭和、平成、そして令和となった今でも現場では試行錯誤を続けています。

そういった方法の中で、効果がありそうな順に4つ紹介しておきましょう。

①紹介

新規案件開拓、新規顧客開拓でもっとも相手に会える可能性が高いのは「紹介」になります。取引先の担当者やキーパーソンから、別の部署や別の新規取引先を紹介してもらう方法です（具体的な方法、トークなどはこの章の後で詳説します）。

取引銀行からの紹介も一般的ですので、その効果はともかくとして、依頼しない手はありません。銀行によって無料の場合もあれば、僅かな紹介料が必要な場合もありますが、積極的に人と人を結び付けようとする銀行や支店長方針もありますので、利用したいものです。

また、最近は人材ビジネスでも、定年退職者を「顧問」として派遣し、自身の人脈を紹介するサービスが登場しています。

②サンプル送付

リアルでもメールでも、ＤＭはそのままゴミ箱に直行となることがほとんどなので、よほどのことがない限り、アポイントにはつながらないでしょう。しかし、サンプル送付となると反応が変わります。

その際、サイズやコストが送れる範囲内であれば、そのまま送付すればＯＫです。

一方、大きさ的、重さ的、コスト的に送れないものについては、サンプル紹介の動画映像やそのＱＲコード、ＵＲＬを掲載した紙を送ることになるかと思います。その場合は、普通のＤＭだと勘違いされないよう、普通のＤＭとは異なる感触を作るのが鉄則です。具体的には、例えばそのＱＲコードをノベルティと一緒に紙のボックスに入れておくといったような工夫をするといいでしょう。

③直筆手紙

キーパーソンの社長、役員、部長、管理職には直筆手紙が効果的です。封筒も社封筒ではなく、私信の封筒を用いたほうがいいかもしれません。手間はかかるのですが、そのひと手間以上の効果がありますから、今なお消滅しない売れる営業パーソンの技の１

つになっています。

手紙の文面が思い浮かばないという人は、そういったものこそ生成ＡＩの得意分野になりますので、参考にするのもいいでしょう。

ただし、普通の手紙とは異なり、その手紙の「趣旨が伝わる」ようにすることがポイントになります。具体的には、図のような内容を盛り込むようにしましょう。当然、「④自社製品、サービスの強みとそれよって相手が得る恩恵」が勝負になりますので、そこまでは手短にしてもＯＫです。

また、私のように字が下手で、どうしても直筆に苦手意識のある人はパソコンやスマホで作成してもいいですが、その場合も最後の署名だけは直筆にしましょう。

④ワンクッションを置くテレアポ

仕事の手を止めさせる売り込み電話など、相手に歓迎されるはずがありません。特に、取引先とのコミュニケーションがメール、ビジネスチャット、スマホで行われ、職場の固定電話がなくなり、リモートやフリーアドレスの職場が多くなった現在、テレアポの効果は低下しています。

しかし、そんな逆風の中にあっても、桁違いの成果を上げるテレアポの方法も残っています。それは、商談以外の目的のワンクッションを置く方法――つまり、まずは「技術的な問い合わせ」「展示会、セミナーの案内や招待状の送付許可願い」「専門誌やネット記事のための取材依頼」といったことを第一目的とした電話をするという方法です（電話でなくメール、問い合わせフォーム、ＳＮＳへのアプローチでもＯＫです）。

例えば、こんな感じです。

直筆手紙の構成要素

①手短な挨拶文
②自分はどこの誰なのか
③この手紙の目的（相手を主語にして）
④自社製品、サービスの強みとそれよって相手が得る恩恵
⑤デモの機会、商品・サービス紹介の機会、アポイント依頼
⑥都合の良いスケジュール候補の返信依頼＋もしくは２～３営業日後に連絡する旨
⑦結びの挨拶
⑧署名

株式会社Rの大塚と申しますが、御社のAという製品の仕様に関する問い合わせなのですが、どちらの部門に……

株式会社Rの大塚と申しますが、〇月〇日からの国際展示場での××展の招待状の件なのですが、「品質管理部」お願いします。

そうして目当てのキーパーソンに到達できたら、最初のワンクッションの要件を告げつつ、「ついで」という体でコミュニケーションを盛り上げて、「ならば一度、情報交換がてら」とアポに持っていくわけです。

この方法ですと、単純なテレアポと比較するとかなりの確率で受付を突破してアプローチしたい部門に到達できますし、アポイントの獲得率もグッと上がります。

商品に競争力があるなら問い合わせフォームもおススメ

なお、自社がなんらかの差別化のポイントを持った製造業の場合は、ターゲット企業のホームページの「問い合わせフォーム」へのアプローチもおススメです。直筆手紙と同じ要領で文面を考え、端的に製品の機能特性、用途、相手にどんな恩恵を与えるかを伝えれば、かなりの確率で相手の担当部署の人につながります。実際、競争力のある製品や技術がある場合には、担当者につながるところまでの確率が１００％という企業もあります。

ただし、この反応率はあくまで製品の競争力に左右されるので、その点には注意が必要です。製品に大きな特徴もないのに、定型文を何十万件、何万件も送り付けたとしても、いわゆる千三つ（１０００件のうち３件）レベル以下の反応しか得られませんので、やめておきましょう。

6 第一声は「相手との関係性の説明」から入ろう

「どこの誰？」という警戒心を解くことが必要

テレアポ（あるいは手紙や、問い合わせフォームへの連絡でも同様ですが）で受付を突破してなんとか目当てのキーパーソンにつながったとして、その際の相手の反射神経的な反応は、多くの場合「この人、どこの誰？」という警戒です。

そこでお断りモードにさせることなく、相手に「一回は話を聞いてみようか」と判断させるためには、電話の第一声、最初の名乗りが重要になってきます。ここで「この人、どこの誰？」という疑念に、「警戒無用です」というメッセージを明確に伝えたいのです。

そのためには、キチンと会社名、部署名、自分の名前を名乗るのは当然ですが、それ

だけでは不十分です。仮にあなたの会社が、誰でも知っている名の通った有名企業だとしても、それだけで信頼してくれるほど世間は甘くありません。
実際、業界にもよりますが、例えば銀行や証券、生保だと「○○証券からの電話は取り次ぐな」「○○銀行には居留守を」というケースも珍しくありません。私の古巣のリクルートを筆頭に、人材サービス業も「警戒」「拒絶」されるのが普通と言っていいでしょう。

相手と共通することが接点になる

では、どうすればいいか？

ここでは「相手と共通することを話題にして接点を作る」ことがポイントになります。

例えば、もし相手の会社の他の部門ですでに取引があるなら、その部門名と担当窓口、面識のある管理職の名前を出してみるといいでしょう。具体的には、こんな感じです。

○○部のYリーダーには×××でお世話になっておりますが、本日は別件で……

また、前職での接点を生かすという方法もありです。例えば、こんな感じですね。

R社時代に御社のネットワークシステムを担当させていただいた、大塚でございますが……

では、そんな関係性が皆無だったら?

そういう場合は、最悪、相手の業界との関係性で代替する手があります。その際は、具体的であればあるほど効果が出ますので、できるだけ具体的な表現を心がけたいものです。例えば、こんな感じです。

○○工業会でお世話になっております、R社の○○営業部の大塚と申しますが…
…

　このように、「共通の知り合い」「以前担当させていただいたこと」「自社が相手企業の製品やサービスを導入していること」など、なんらかの「お互いが関連する話題」を探して接点を作ることが重要です。

　ちなみにこれを「ラポール」のメソッドと言います。フランス語で「橋をかける」という意味で、営業では伝統的な手法とされていますので、覚えておきましょう。

7 名乗った直後の「○○の件で」は相手を主語にしよう

主語を変えるだけでアポイント獲得率が5倍以上に！

メールや手紙でも同じですが、特にテレアポ時には、自分の会社名と名前を名乗った後に「本日は○○の件で電話いたしました」などと電話の目的を伝えると思います。いわゆるアプローチトークです。

この時「○○の件で」の○○を何にするかで、その先に進めるかどうかが決まってしまいます。ここで「弊社の製品のご案内で」「弊社のサービスのご案内を」などと、自社を主語にして始めてしまうと、〝単なる売り込み〟と直感的に判断されて、相手がお断りモードのスイッチを入れてしまいますので、決してやってはいけません。

ではどうするかと言うと、アプローチトークの主語を相手側にするのです。例えば、

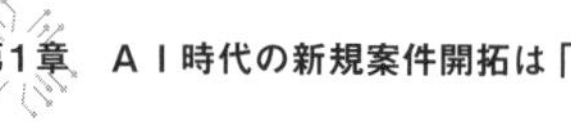

こんな感じです。

・御社の工場における技術継承の件
・御社の設計部門のリソースの件
・〇〇省のガイドラインに対する御社のご対応の件

「たったこれだけのことで？」と思うかもしれませんが、実はこの方法、営業が強いと言われる大手某社でABテストを実験済みで、この主語の差によって、アポイントの獲得率に5倍以上の差が出ていました。「御社」と言われた瞬間に、人は聞くモード、読むモードにスイッチが入ってしまうのです。使わない手はありません。

用件は少しだけ抽象度を高めるのがポイント

なお、アプローチトークを「御社の〇〇の件」で始めるとして、その〇〇はどうすればいいのかと言うと、ここには相手の一番の関心事、つまり興味・関心や課題に対する解決策や提案を入れるのが、売れる営業のセオリーになります。

相手の一番の関心事が何かということは、ここまでの事前準備で調べてあるはずですね。「〇〇業界の課題」をAIに生成させてヒントにしたり、上司や先輩、同僚など周りの意見や知見なども借りながら、ドンピシャな候補を探し当ててください。

1つだけコツをお伝えすると、関心事は具体的であればあるほどいいとは限りません。なぜなら、具体的すぎると「うちが求めていることはそうじゃない」とノーのジャッジが早くなってしまう危険性があるからです。

したがって具体的な表現を原則としながらも、最初はもう一階層、抽象度を高めた表現にしましょう。例えば「御社のドライバー不足を補う女性ドライバー採用のご提案」ではなく「御社のドライバー不足を補うご提案」くらいの抽象度です。

抽象度の差をつけるのが難しい場合は、具体的な話の後に「御社ニーズに合わせた最適な提案ができます」といったニュアンスも付け加えたほうがいいでしょう。「中途採用だけでなく、派遣、パート、アルバイト、シニアの活用まで御社のニーズに合わせた最適な提案ができます」という感じです。

後は実際のコミュニケーションの中ですり合わせて具体化していけば良いのです。

8 アプローチトークに「質問」を混ぜよう

相手から自然と課題を引き出せる王道パターン

電話、メールによる初回アプローチで使われる中級以上のテクニックで、アプローチトークに「質問」を混ぜる方法があります。具体的には、こんな感じです。

> 最近、〇〇に関する引き合いが増えているのですが、御社でも〇〇について課題感などはお持ちでしょうか？

このように質問すると、自然な流れで相手から「現状」「お困りごと」「課題」を引き出せます。そうすれば、後はそこで出た課題などに自社製品がいかに役立つかをアピールすれば、実際のアポイントにつながるわけです。

あえて中級以上としたのは、初心者だとトークスクリプト通りに「質問」まではできても、相手からの回答を深堀りしたり、その回答に対する気の利いたリアクションができないからです。そうすると、相手を「話をもっと聞きたい」「相談に乗ってほしい」という感情にまで持っていくことが難しくなります。

逆に相手の回答に臨機応変に対応できる中級者、上級者にとっては、アプローチトークの王道パターンになりますので、ぜひセオリーとして覚えておきましょう。

前振りを抜かすと「上から目線」になるので注意

なお、ここで気をつけてほしいのは「最近、○○に関する引き合いが増えているのですが」といった前振りの部分を絶対に抜かしてはいけないということです。

もし初めての相手に、しかも電話で、営業パーソンがいきなり「現在、御社は○○について課題をお持ちでしょうか？」と聞いたらどうでしょうか？

唐突感を通り越して、相手が抱く感情は不快感です。「いきなり売り込みの電話をしてきて、○○についての課題？　それを話して、お前に解決できるわけ？　失礼なヤツ」がマジョリティでしょう。だから相手にされず、ガチャ切りされてしまう……。

要は日本語の問題なのですが、いきなり「現在、御社は○○について課題をお持ちでしょうか？」と仕掛けてしまうと、「上から目線」に聞こえてしまうのです。ところが不思議や不思議、その質問の前に「最近、○○に関する引き合いが増えているのですが」という前振りを入れるだけで「上から目線」はすっかり解消されて、普通の質問になります。

営業パーソンたるもの、こうした機微、ニュアンスは大切にしたいものです。

9 「相手のお困りごと」と「自社にできること」を結び付けよう

「自社にできること」を決めゼリフにするために

アプローチトークはまず相手の関心事や課題から入るわけですが、ではその後はどうすればいいのでしょうか？

答えはズバリ、「相手のお困りごと」と「自社にできること」の接点について伝えましょう。つまり「〇〇についてお困りなら、弊社の××と言うサービスがお役に立てるかもしれませんので、お話してもよろしいでしょうか？」などと、「自社にできること」に話をつなげるわけです。

相手にとってはお困りごとや課題の解決策ですから、どんなものか聞いてみたいに決まっています。

ただし、期待値が上がっている状況なので、その次に伝える「自社にできること」が取るに足らないよくある話だと興ざめさせてしまいます。そうならないように、魅力的に分かりやすく端的に表現する必要があります。

できれば「一言で言うと」どういうことなのか、決めゼリフのようなフレーズを用意しておきたいものです。

決めゼリフの威力を最大限にするための配球術を考える

逆に言えば、その決めゼリフに持っていくところから逆算して、最初に相手に提示する課題を考えるという発想も大切になります。

要はマッチポンプ……つまり最初にマッチで火をつけて（相手に課題を意識させ）、その火を消すためのポンプが重要と見せかける（解決策を提示する）、という方法です。古典的な論法なのですが、テレアポやメールでのアプローチトークとしては、現在もまったく色褪せず、もっとも訴求力のある方法になります。

別のもので例えるなら、野球の配球術のようなものです。決め球が１５０キロのストレートだとして、そのストレートの前に110キロ台のカーブや120キロ台のチェンジアップを投げる。そうやって緩急をつけて、150キロの決め球をより速く見えるようにするのが配球術です。

これと同じで、「自社にできること」をより魅力的に見せるために、その前に提示する「相手のお困りごと」の話題を工夫するのが、売れる営業の戦術と言えるのです。

10 他社の事例を「一般化」して紹介しよう

事例やエピソードは興味を持たれやすい

アプローチトークで「自社にできること」の説得力を増すためには、「この営業パーソンはうちの会社についてよく知っている」「われわれの業界に詳しい」と思わせることが大切です。当然ですが、よく知りもしないことを「解決できます」と言っても、説得力は出ないですよね。

では、そう思われるにはどうすればいいのでしょうか？

もっとも効果的なのが、生々しい事例やエピソードを紹介することです。リアリティが伝わり、「そうそう、うちもそうなんだよ」と共感されれば、そこで導入された製品・サービスに対しても興味が湧き、アポイントにつながるでしょう。よくホームページャ営業ツールなどに顧客のロゴをたくさん並べた上で、実際の1社1社の導入事例を紹介していますが、あれもそうした効果を狙ったものです。

その際、できれば同業界の他社事例が、相手がもっとも興味を持ちやすく、一番効果的です。そういう意味では、いろいろな他社事例をたくさん語れるほうが圧倒的に有利になりますので、上司や先輩、同僚がどういう場面で、どういう事例を、どのように紹介しているかにアンテナを立てて、まずは模倣するところから始めたいものです。

実名を出せなかったり他業種の事例は一般化する

ただし、機密保持契約があったり、あるいはコンプライアンス上好ましくないといった事情で、軽々に他社の事例を話すことが難しいケースも少なくありません。

実名を出せない。どこの会社の話なのかが特定されるとまずい。でも、生々しい事例を伝えたい。そんな時は、機密保持に抵触しない範囲で「最近、同業他社では……」と一般化して伝えるといいでしょう。例えば、こんな感じです。

> 同業他社では、ＣＯＢＯＬを担当していた各社の定年退職者を集めて対応していますが、御社では……

なお、この「一般化して伝える」という方法は、同業界の事例がない場合にも使えます。

例えば、自動車部品メーカーに事例を紹介したいけど、工作機械メーカーの事例しかない。そんな場合は「工作機械メーカー」を「製造業」まで一般化して話すと、相手が感じる現実味が高まります。

11 「他部門のお困りごと」を質問して横展開を狙おう

他部門の担当者を紹介してもらう「横展開」

ここまで、まったくの「ど新規」へのアプローチについて説明してきましたが、ここで「横展開」についても触れておきましょう。

横展開というのはアカウント（既存の取引先）の担当者から、他の部門の担当者を紹介してもらって営業することです。すでに取引実績と取引口座があるため、ど新規よりかなり案件化しやすいというメリットがあります。

特に相手が大手企業なら、横展開できる部門、事業所が10を超える場合もありますので、最優先で取り組みたい施策です。

紹介を依頼しにくければ「質問」から始めよう

ただ、その際ストレートに「他部門を紹介してください」と依頼できればベストなのですが、よほどの深い人間関係や大きな貸しでもない限り「紹介なんて依頼して相手に負担をかけたくない」「今の取引でいっぱいいっぱい」「とても依頼できる雰囲気じゃない」と思ってしまう人も少なくないでしょう。

そんな時におススメなのが、「紹介を依頼する」のではなく、商談後などの雑談で「他部門のお困りごとを質問する」方法です。

そこで他部門の具体的なお困りごと（例えば短納期対応、リソース不足、計測器不足といったこと）が出てきて、それがあなたの会社で解決できることであれば、「そこはお役に立てるので、ぜひご紹介を」という流れに持っていくわけです。

これなら、相手も他部門に紹介を打診する明確な理由ができるわけですし、ちょっと面倒臭い以外の負担感はあまりないでしょう。

12 セミナーや展示会を開こう

売り込みが嫌われる時代でも、営業パーソンができることはある

本章ではテレアポやメール、手紙など能動的に新規案件を仕掛ける方法を解説してきましたが、最後に、逆に見込み客のほうからの引き合いを獲得する撒き餌的な方法についても共有しておきましょう。

章の冒頭でも触れたように、近年、顧客は営業パーソンによる売り込みを嫌い、特に新顔の営業パーソンには会わなくなりました。その一方で、顧客が自ら能動的にネット上で情報を集め、比較検討し、興味がある数社の問い合わせフォームに連絡するケースは増えています。

特に、専門性が高い業界や、営業する側の企業数が限られている業界では、テレアポによる新規顧客開拓よりも、ホームページへの問い合わせからの案件化のほうが桁違いに多くなっているケースも少なくありません。

それでは、営業パーソンによる新規顧客開拓の必要性はなくなってしまったのでしょうか？

もちろん、そんなことはありません。ただ少し、やり方が変わっただけなのです。

医薬品業界で生まれた勉強会方式

顕著な例を挙げれば、かつてＭＲが病院や医師に泥臭い営業を仕掛けていた医薬品業界では、15年以上前から医師が医薬品情報をネット上から得る「ｅディテール」が広がり、同時に病院側によるＭＲの訪問規制、時間規制、完全アポイント制が実施されてきました。中には完全面会禁止になったケースも1割弱ほどあるようです。

そういった訪問規制、完全面会禁止といった扱いを受けても、実は最前線では今でもベタな営業も健在です。

具体的にどうしているかと言うと、ＭＲたちは医師1人当たり３０００円以下（企業によっては内規で2000円以下とか1500円以下）のお弁当を準備し、昼や夕方のカンファレンス（症例検討会）の後に「薬説」と呼ばれる、自社の薬についての勉強会を実施するようになりました。要は、MRから訪問することができないなら、医師のほうから来てもらえばいい、という発想です。

ただでさえ忙しい医師は、この「薬説」でお弁当を食べながら、その薬の使い方や注意点、類似品と比較した有効性、薬価、副作用の少なさなどの優位性の説明を受け、処方の参考にします。特に無限に薬のある糖尿病分泌内科などでは、毎週のようにこうした機会がセッティングされているそうです。

これは医薬品業界の事例ですが、この説明会（セミナー）方式は他の業界でも応用が利きます。メーカーなら、説明会をミニ展示会にする手もあります。

ただし、展示会で打ち出す製品やサービス、セミナーの内容に新鮮味がないと極端に成果は低下するので、「切り口」の鮮度には注意しましょう。

第2章 AI時代の顧客とのコミュニケーションは「これ」だけ

以前は営業パーソンと顧客、あるいはライバルとの間に大きな情報格差があり、単に情報を伝えるだけのコミュニケーションでも勝負できました。しかし今やAIによって情報格差が縮まり、それだけでは差別化できなくなっています。そんな時代に「勝てる営業パーソン」になるにはAIを活用しつつも、商談の場面ではAIにはできない感情移入したコミュニケーションを取ることが必要です。この章では具体的にそこを紐解いていきましょう。

1 顧客について詳しく知ろう

顧客とのコミュニケーションのために知っておきたい6項目

売れる営業パーソンと売れない営業パーソンの大きな違いの1つに「顧客についてよく知っているかどうか」ということがあります。しかし、「顧客について知ろう」と言われても、何をどこまで知ればいいのかが分からないかもしれません。

まず「基本情報」と呼ばれる社名、所在地、資本金、従業員数、売上、利益、代表者、事業所（数）、業種、決算月、与信情報、業界ランクといったことは、もちろんアカウント情報として必要です。しかし、これらが案件獲得や案件進捗、受注に向けた顧客とのコミュニケーションの中核になることは「ない」と言い切っても差し支えないでしょう。

逆に、成果につなげるため、顧客とのコミュニケーションのために知っておきたいのは、次の6項目になります。

①業界の環境変化

顧客の業界を取り巻く環境の変化というのは絶好の話題となります。例えば、法令や監督省庁の「ガイドライン」、景気や為替などの「経済動向」、少子高齢化や人口減少などの「社会環境」、ＡＩやＤＸ化などの「技術革新」などの話題です。

日々、情報収集してアップデートしておきましょう。

②顧客の企業特性や風土

定番は「保守的か、新しいもの好きか」「トップダウンか、ボトムアップか」「内製志向か、アウトソーシング志向か」といったことですが、それ以外にも個別に「ならではのこと」があると思いますので、そこを明確にしておきましょう。

これらは上司や前任者、自社内の関係者、業界通の人から聞くのもいいですし、顧客への遠回しな質問などで把握することもできます。

③顧客の顧客、競合

顧客の顧客（ユーザー、エンドユーザー）がどんな企業か消費者かも、顧客と「一緒に考える」ために必須になります。

同様に、競合企業はどこか、競合とどのような戦いを演じているのかも押さえておきましょう。業界上位なのか下位なのかで戦い方は異なりますので。

④顧客のビジネス

顧客の商品やサービスの機能特性、ブランド力、価格政策、商流や立地戦略、プロモーション戦略などは、様々な切り口で顧客とのコミュニケーションのネタになるので、必ず調べておきましょう。

⑤顧客の興味、関心、お困りごと、期待

①～④までが顧客とのコミュニケーションの周辺情報だとすれば、案件につながる核心情報は「顧客の興味、関心、お困りごと、期待」となります。なので、自社内外の情

報を収集し、生成ＡＩやネットも駆使して把握しておきましょう。時に推測も加え、顧客とのコミュニケーションの中でそれらの「答え合わせ」をするのもいいでしょう。

例えば、あなたがＩＴベンダーの営業パーソンで、ホームページに問い合わせのあった通信キャリアの情報システム部門に、セキュリティの話で初回訪問に行くとします。その場合は、事前準備として生成ＡＩで次のように調べるといいでしょう。

> あなたはITベンダーのトップ営業パーソンです。ホームページに問い合わせのあった通信キャリアの情報システム部門に初回訪問する際、相手が興味、関心を持っているテーマは何でしょうか。箇条書きで教えてください。

このようなプロンプトで生成した回答から、さらに「セキュリティ対策についてさらに詳しく（教えてください）」と入力すれば、かなり使える情報が生成されるはずです。

そうして得た情報に「ならでは」の情報を加えて、「様々なセキュリティソリューションがありますが、どれも1つでは十分ではない時代で、何と何を組み合わせればいいかについて……」といった話ができれば、相手は興味関心を持つはずです。

⑥顧客の未来

「顧客がどこに進もうとしてるのか」も顧客とのコミュニケーションでは重要になります。中期経営計画、有価証券報告書、ＩＲレポートは顧客のホームページなどで読むことができますし、顧客とのコミュニケーションの中で「戦略や方針」を話題にするのもスマートな方法です。

2 顧客接点を意識して増やそう

コンタクト回数は多ければ多いほど有利

顧客との対面での商談、立ち話、オンラインでの商談、メールでの連絡、携帯電話への連絡のすべてが顧客接点になります。

顧客とのコンタクト回数は多ければ多いほど有利になりますので、意識して増やすようにしましょう。特に、まだ人間関係ができていない段階では、効果的です。

身近な例で言うと、2週間前に取った今週水曜日のアポイントのリマインドメールを月曜日に送信するといったことも、その1つです。もちろん、リマインドが目的ですが、コンタクト回数を増やす効果もあるのです。

相手の手間も考えて、全部ひとまとめに連絡したほうが顧客に配慮しているようにも思えるのですが、案件化率、受注率、コンペ、入札での勝率から言うと、小まめな連絡のほうが好業績になります。

その理由は単純明確で、コンタクト回数が多くなると、顧客が社名を覚え、名前を覚え、徐々に「よく連絡をくれる人」になり、「有益な情報をくれる人」「使える人」「頼りになりそうな人」「相談したい時に、いつもそこにいる人」とどんどん印象が良くなっていくのです。

印象というのはとても大事で、ホントは年に4回程度しか顔を合わせていないのに、「よくうちに来てくれる人」という印象を持たれるケースも散見されます。携帯電話やメールでしょっちゅうやり取りしているので、「よくうちに来てくれる人」の印象になってしまっているのでしょう。

逆に印象が薄いと、毎月顔を合わせていても、「いつもそこにいる人」「よく来ている人」にはならないのです。

訪問理由のネタ出しにはAIも活用できる

コンタクト回数を増やすには、訪問理由をどれだけ創出できるかがポイントになりますが、正直、まじめに考えてしまったら、そうたくさんはありません。

宿題の回答や書類のやり取りを2回に分けるとか、回収が必要なサンプルなどをお貸しするとか、確認の連絡をするとか、傘を置き忘れるとかも含め、頭を柔らかくして口実を考えておきたいものです。

また、生成AIに次のようなプロンプトでお願いすれば、10数個のアイデアを出してくれるはずです。

> あなたは人材総合サービス会社のキャリア採用担当のビジネスパーソンです。営業パーソンの採用に苦労している中小の食品会社に対し、コンタクト回数を増やす口実を箇条書きで教えてください。

「ピン！」とくるアイデアがあったら、そこに絞って、再度聞いてみるようにしましょう。

3 キーパーソンを引っ張りだそう

決裁権のない担当者は消極的

キーパーソン（決裁者）の調べ方については第1章ですでに前述しましたので、ここでは「なぜ、キーパーソンにこだわるのか」について解説していきます。

売れない営業パーソンが売れる営業パーソン以上の時間や工数をかけているにもかかわらず成果が出ないのは、キーパーソンではなく担当者だけと商談しているからです。決裁権のない担当者とだけ商談しても、実際に導入を承認するのは、決裁権者や役員会などの会議体、起案されたものを役職順に承認していく稟議なので、担当者相手では決裁者から一番遠い人とのやり取りになってしまうのです。

それに、業務に忙殺されている担当者は、忙しすぎてじっくり検討できないとか、はたまた自分の仕事が増えることを嫌って本気になってくれないとか、責任を恐れて新しいことには消極的になってしまうということも少なくないので、案件化率、受注率とも低くなってしまいます。この担当者の心情の前には、ＡＩも無力と言わざるを得ません。

キーパーソンを引っ張りだす口実を作ろう

特に大手企業では、例えば部長の決裁権が１００万円、担当役員が１０００万円、それ以上は金額によって常務会や役員会、社長決裁などになると決められています。ですので、１５００万円の案件であれば、決定するのは役員会だったりしますので、課長クラス、部長クラスから異論があれば、そこで止まってしまいます。

一方、部長が商談に同席していればどうでしょうか？　そこで前向きな返答が得られれば、課長職や担当者はブレーキを踏みにくいでしょうし、方向性が出ているので、責任を問われることもありません。しかも、役員会の決裁であっても、そこで説明するのは部長のケースが多いので、受注確率は最高になります。

既存顧客で普段は担当者とやり取りしている場合であっても、盆暮れのご挨拶、新年のご挨拶、あるいは何かのご報告、情報共有などの口実を作って、自社の部長クラス、役員クラスの上司も上手に使って、相手の上席を引っ張りだすのがスマートな方法です。

相手の部長を引っ張りだすハードルが高いと感じる場合は、せめて課長クラスには同席いただく商談にしましょう。

4 商談で第一声を放とう

一般的には顧客側が主導権を持つ

AIが成熟すればするほど、コンペや入札で優位に立つには、その対極にあるソフト・インテリジェンスのウエイトが高くなります。AIの部分では差別化ができなくなるからです。

その最たるものが「主導権」です。商談の「主導権」を顧客側、営業側のどちらが取るかで、商談の勝敗は9割程度、決まってしまうのではないでしょうか。

常識的に考えれば、「主導権」は買う側が持つに決まっています。お金を出す側ですから。

もちろん、売り手市場の商材であれば話は別で、買う側が「ぜひ、うちも導入したいので、一度お話を聞かせてください」というスタンスになり、営業側が自動的に主導権を取ることができます。ですが、今日、そんなありがたいシチュエーションにお目にかかることは滅多にありません。

営業パーソンが簡単に主導権を取る方法

ところが、買い手市場であっても簡単に「主導権」を取る方法があるのです。

それは、商談がスタートする際の第一声を営業パーソン側が放つという方法です。立ち上がって挨拶し、着席を促され、イスやソファに腰をおろしながら、お尻が座面につくかつかないかの瞬間のタイミングで話し始めてしまうのです。雑談でも、有益そうな情報提供でも、話題は何でも構いません。

これは私が新人時代に、リクルートの伝説的営業マンに「売れる営業の奥義」としてコッソリ伝授された方法です。

サーブ権のあるスポーツに例えると分かりやすいのですが、テニス、卓球などはサーブ権を持つ側が有利です。商談でも同じなのです。

商談というのは言葉のキャッチボールですから、最初に第一声を話せば、必ず相手側から言葉が返ってくることになります。その言葉の内容が自社側に不利なことであったとしても、その時ボールは自分の手元にあるので、「確かにおっしゃることは一面の真実には違いないのですが、実は……」と理詰めで自社側に有利な話に展開できます。

しかもこの方法、相手は「主導権」を取られたなんて感じはしませんので、「ステルス主導権」であることも効果を高めています。

5 絶対に「今日の商談のメイン」から話さない

商談外の会話でこそ有益な情報を引き出せる

これは、もう「売れる営業の型」、あるいは「売れる営業の鉄則」として守ってほしいのですが、絶対に商談の冒頭で「今日の商談のメイン」から話してはいけません。それは準備運動や素振りなしに本番に臨んでしまうような行為であり、良い結果を得られない可能性がマックスになってしまうからです。

「さっそくですが……」と挨拶直後に商談に入ってしまうと、ホントに欲しい情報、具体的には競合情報や、コンペ、入札を勝ち抜くための機微情報が入らなくなってしまいます。厳密に言うと「機微情報が入らない」というより、ヒントになるような機微情報がにじみ出る文脈とか行間が対話の中に作れなくなるのです。

コンペや入札で勝つ企業の営業パーソンは、商談前の雑談、あるいは商談後の雑談、帰りのエレベーターを待つ間のエレベータートークといったコミュニケーションを、有益な情報を引き出すために利用しています。

商談を終えてホッとして緊張感がほぐれた瞬間や、商談前のまだオフィシャルではなくカジュアルさを残す場面。そういった場面だからそこ、商談では言えない競合情報や優先順位などが聞き出せるのです。

年齢差も性差も関係なく使える「雑談の３つのセオリー」

では、「今日の商談のメイン」が最初に話せないとしたら、代わりに何を話せばいいのでしょうか？

それが雑談とかスモールトークを言われるものなのですが、慣れないと意外と難しい。相手によっては、何を話したらいいか分からないからです。例えば20代の営業パーソンにとっては、親世代や一回りも年上の顧客にどんな話をすればいいかは悩ましい問題だったりするでしょう。

そこで紹介したいのが、シンプルな「雑談の3つのセオリー」。要は、雑談のネタは次の3つの話題から選ぶのがいいですよ、という話です。年齢差も性差も関係なく使える普遍的な方法ですので、ぜひ試してみてください。

①相手が喜ぶ話題

相手の会社のことでも、商品やサービスのことでも、相手個人に関することでも構いません。とにかく相手が喜んで話してくれそうな話題を振ることです。

ちなみに生成ＡＩに次のように入力すれば、ＡＩなりの7つ程度のアイデアをくれますので、それらを参考にしてもいいでしょう。

> あなたはＯＡ機器販社（※「ＯＡ機器販社」はあなたの業界に変更してください）のトップセールスパーソンです。客先訪問の雑談で、相手が喜ぶ話題を教えてください。

まあ、相手がゴルフ好きや野球好き、釣り好きとか、何が趣味なのか分かっていれば、それを話題にするのが無難ではあります。

②素朴な疑問を投げかける

初対面の相手なら、ホームページを閲覧して沿革で気になったことや、商品開発のきっかけなど、何でも構わないので聞いてみるといいでしょう。私はよく、初対面の場合は社名やロゴマークの由来についての質問などをしていました。

「何で素朴な疑問？」と思った人もいるかと思いますが、そもそも素朴な疑問というのは、相手や相手の会社に興味・関心がないと思い浮かばないものです。その質問によって相手は、「この営業パーソンは自分の会社や自分に興味関心を持ってくれている人だ」と認識しますので、その結果、距離が詰まって、コミュニケーションが密となるというメカニズムです。

③共通する話題を投げる

世界最大公約数的なネタとしては「天気・天候」があります。ただ、相手がビール会社や食品、空調会社など、暑い・寒い・雨などで売上が変化するとか、仕事が急増するなど、業務と関連がある業種ならいいのですが、そうでないと「ホントそうですね」と一往復で対話が終わってしまって、「次はどうしよう」と詰まってしまうリスクがあります。

ならば、比較的会話が発展しそうな共通の話題を選択しておいたほうが無難です。趣味が同じだったり、出身地が同じだとその話題は強いカードになりますし、身に付けているものや、持っているもので出身校が同じと分かったなら、それを話題にしてもいいでしょう（今の時代、出身校を聞くのは失礼ですので、要注意ですが）。

相手と自分だけでなく、相手の会社と自分、相手と自分の会社といった風に拡大して、共通する話題を見つけるのも大いに「あり」です。他の部門の話、前任者の話題などに範囲を広げても大丈夫です。

雑談嫌いな相手には「ながら雑談」で

なお、雑談嫌いで「さっさと本題に入れ」オーラが漂う相手というのもいます。そんな場合におススメなのが「ながら雑談」です。

営業カバンから資料やパソコンを出しながら、それらの準備ができたら「さっそく」本題に入るオーラ満載で、雑談嫌いの相手でも回答しやすい雑談ネタを投げるのです。

前回の商談で出た話や、宿題の回答の周辺の話など、本題の隣くらいのゾーンのネタであれば、相手は違和感を持たずに乗ってきてくれるでしょう。

6 話すより聞こう

人は興味のあることしか聞いていない

ＡＩ時代だからこそ心がけたいのは、営業パーソンの基本行動の第一は「話す」より「聞く」ことという大原則です。

ＡＩの力を借りて「話す」こと、「話せること」は加速度的に増えたので、ついつい話してしまいがちですが、残念ながら顧客は興味、関心のあることしか聞いていませんし、覚えてもいません。

担当顧客に自社の新サービスを10回以上紹介したであろうある日、顧客のほうから「○○さんのところ、×××のサービスも始められたのですねぇ」と、まるで最近知ったように言われた……と営業研修である受講者が発表していました。１〜２年も前から何回も紹介し、資料まで置いてきているのに……。

「人って自分に興味のあることしか聞いていない」と痛感したそうです。

　ですので、まずは、どういった分野に興味、関心があるのか「聞く」ことをしないと、興味の的から外れたネタを延々「話す」可能性が高くなってしまうのです。自社商材を分かりやすく説明すれば、相手の興味関心が高まるというのは、売り手市場だけに通用する論理ですので、そこはキモに銘じておきましょう。

「周辺情報」と「案件情報」を聞こう

　もっとも、よほどの人間関係や大きな貸しがない限り、営業パーソンが聞いても、顧客が回答してくれるわけではありません。だから、「聞く」ことのほうが「話す」ことより難しく感じてしまうのです。そのため、ついつい一方的に話をしてしまう。

　売れる営業における「聞く」本質は、「何を、どのように聞くか」にあります。「どのように聞くか」については後ほど細かく解説するとして、ここではまずは「何を聞くか」について紹介しておきます。

代表例は「周辺情報」と「案件情報」(図参照)。

このうち周辺情報については、この章の冒頭の「顧客について詳しく知ろう」で紹介した情報と重なりますが、これは商談前の事前準備として調べておいた上で、その答え合わせ的な聞き方が望ましいということです。

案件情報については、具体的な案件があれば途中で、あるいは最初からヒアリングをすればいいのですが、提案営業やソリューション営業では、周辺情報のヒアリングの次に提案というプロセスになるので、そうした営業ではまずは周辺情報の丁寧なヒアリングがキモになります。

「周辺情報」について聞いておくこと

①顧客の興味、関心、お困りごと、期待
②自社を取り巻く直近の環境変化
③顧客の企業特性や風土
④競合との競争状態
⑤どの方向に進もうとしているか

「案件情報」について聞いておくこと

①案件、物件
②ニーズ
③仕様、要件
④数量
⑤予算感、予算規模
⑥希望納期
⑦購買方法（入札、コンペ、随意など）
⑧決裁権者
⑨購買決定基準
⑩声をかける予定の企業

7 相手の興味、関心、お困りごとが浮き彫りになる質問をしよう

相手によって2つの聞き方を使い分けよう

すでに案件化している商談ならいいのですが、相手のニーズの把握にすら至っていない新規商談、はたまた新規顧客への初回訪問では、アイスブレイク的な雑談や、相手に役立ちそうな情報提供が終わった段階で、相手の興味、関心が浮き彫りになる質問を仕掛けなくてはなりません。

その際、それまでの人間関係があったり、何年もの仕事のやり取りがあったなら、単刀直入に次のような、いろいろな答え方のできるオープンクエスチョンで構いません。

> 一点、お伺いしたいのですが、直近の課題やお困りごとというのは？

逆に、人間関係のない場合や、初対面の場合は、この方法は避けたほうがいいでしょう。代わりにまずは商談の場作り、雰囲気作りとして、相手に役立ちそうな情報、具体的には先進事例や同業他社の取り組みなど、相手の参考になりそうな話題を振りたいところです。そして、その流れで次のような質問をするといいでしょう。

最近○○に関する引き合いが多くなっているのですが、御社でもその辺りに課題感などはお持ちですか？

この質問は相手の現状を引き出す「呼び水」になるだけでなく、同じようにその分野に関心を持っているのか、そうでもないのか、そうでもない場合どういう分野に関心があるのかを浮き彫りにしてくれます。

ここで相手の興味、関心のとっかかりがつかめたなら、「すでに検討段階に入った段階でしょうか、あるいは情報収集の段階でしょうか……」といったところまで確認するといいでしょう。

「潜在的な課題」は啓蒙活動で顕在化させる

いずれの質問にせよ、顧客のニーズや課題が顕在化していれば、あなたの問いかけに顧客は前向きな返答をしてくる可能性が高いでしょう。

問題は、ニーズや課題が潜在的には存在しているにもかかわらず、まだ顕在化していないために「うちにはそういった課題は上がってませんが……」などという答えが返ってきてしまうケースです。その言葉を鵜呑みにしてしまう営業パーソンがどれだけ多いか……。

こう言っては失礼なのですが、認識不足、勉強不足、人手不足から潜在的課題に気づかない顧客は意外にたくさんいらっしゃいます。なので、その場合は、相手の言葉を鵜呑みにせずに、次のように聞いてみましょう。

> 実は同業他社さんの直近の動きをまとめたデータが近々仕上がるのですが、次回、お持ちしましょうか?

こうしたトークで、相手への情報提供や啓蒙活動へとつなぎ、課題や問題を顕在化させることも大切です。

8 第三者を介在させたコミュニケーションにしよう

第三者の言葉なら「自画自賛」ではなく「客観評価」になる

営業パーソンが自社製品・サービスの機能や品質がいかに優れているかを力説しても、どこまでいっても「手前味噌」「自画自賛」で説得力はありません。場合によっては「眉唾」と受け止められているかもしれません。

そんな時に使ってほしいのが、第三者を介在させたトークにする技です。例えば、こんな感じです。

> この機器の〇〇の機能が生産ラインのレイアウト変更の多いT自動車様の△△工場で非常に評価されていまして……

要は、営業パーソン自身の言葉ではなく、第三者の言葉の伝聞として客観評価で伝えるのです。

この第三者の影響力が強ければ強いほど、訴求力は高まります。できれば相手と同業界か、類似性のある業界の第三者からの伝聞にしたいところですが、該当する導入事例がない場合は、より大きな規模の企業や団体の事例を用いるようにしましょう。

反論する場合も、第三者を利用すれば対立関係にならない

また、相手に反論を示す場合も、営業パーソン自ら「それは違います」と頭ごなしに否定はしづらいものですし、極力、対立関係は作りたくありません。かといって否定しなければ、真実が伝わらないわけで……。

そんな時も、この第三者を介在させたコミュニケーションにするのがテッパンです。イエス・バット法よりもっとスマートで、相手が不快感を持つこともない話法になります。例えば、こんな感じです。

なるほど、そうなんですね。ただ、あるお客様のお話なんですが……

もちろん相手は「他社は他社、自社は自社」と思いつつも、自社より先進的な企業や上位企業の動きは気になるものですし、遅れを取ってはいけないと考えるものです。この特性を利用しない手はありません。

この話法はとても使い勝手が良く、いろいろな場面で使えます。例えば「すでに他社製品を導入しているので、自社製品を入れる気はない」という見込み客に対してなら、こんな感じです。

確かに御社と同じようにA社さんとのご関係から、弊社に乗り換えられないお客様もいらっしゃいます。ただ、同じスタンスだったM社さんやN社さんも、弊社のシェアが50%を超えた時点で、消費者が弊社製品を指名買いしていると分析されて、弊社に切り替えられました。その結果、売上も20%~30%増加してご満足していただいています。

これを単純に「こちらのデータの通り、A社さんの製品よりも弊社製品のほうが20〜30％売れますので、御社にもメリットがあると思いますが……」と反論してしまうと〝売り言葉に買い言葉〟になって、相手は「動かない理由」を探し始めてしまいます。それに、なにより「言いぐさが気に入らない」と、意思決定に感情的な要素が入ってしまいます。要は、自社製品を入れるのか、入れないかを営業パーソンが迫ってしまうと、対立関係になってしまうわけです。

これに対して、「有力企業のM社さんもN社さんも、消費者の要望には逆らえないと言っている」と影響力のある第三者を介在させれば、相手の冷静な判断を促す呼び水になるというわけです。

最後まで感情的な要素を介在させず、客観的に思考していただくためには、第三者を介在させて流れを作るのが、賢いコミュニケーションになります。

9 BANTより先行情報、機微情報を優先させよう

開示後にBANTを把握しても遅い

ネットで検索すると、入札やコンペで顧客からヒアリングしなければならない必須項目として、よくBANTが挙げられています。BANTとはBudget（予算）、Authority（決済権）、Needs（ニーズ・需要）、Time frame（導入時期）のことです。

確かにこれらの情報は大切なのですが、現実問題として、よく営業の世界では「国内外の入札情報が官報などで開示される頃には、もう終わっている」と言われます。要は、開示後にBANTを把握しても遅いのです。すでに先行情報を得て動き始めている企業、企画段階から参加している企業には勝てないということです。

つまり、官民の入札情報や案件情報が公になる前に、いかに先行情報を得られるかが、売れる営業パーソンの生命線と言えます。

そういう意味では、例えば既設メーカーや、既存の基幹システムやサブシステムを担当している企業などは、現状を分かっているだけに有利になります。

先行情報の上手な調べ方

しかし、顧客が既存ベンダーに満足しているとは限りませんから、新規参入のチャンスはあります。その場合は、数年前からリプレースのタイミングを狙って準備をしなくてはなりません。

具体的には、次のように先行情報を調べておくといいでしょう。

① Needs

まず狙いを定めたいのはNeeds（ニーズ・需要）の深堀りです。ニーズが何であって、それがどのくらい満たされればどのくらい満足なのか、現行システムや現行設備の不満な点や、不満まではいかないが満足していないことは何かまではヒアリングしておきたいところです。

② Time frame

Time frame（導入時期）はリプレースのタイミングなので、推測できる場合もありますし、決定していれば比較的簡単に聞ける情報です。

③ Budget

Budget（予算）について「予算感は?」と単刀直入に聞けてしまうなら、それもいいと思いますが、「いや、まだそこまでは……」とか「予算がないので……」とはぐらかされてしまうケースのほうが多いので、当たりをつける方法のほうが、予測が立てやすくなります。

例えば、相手が民間企業であれば、「予算的には3000万円程度でしょうか?」とか「予算的には5年前の改修時の額に資材や人工代の高騰分を乗せたイメージでしょうか?」とまずは基準を示してイエス・ノーで回答できる質問をして、そこら深堀りの質問をして予算感の当たりをつかむのが正攻法です。

④ Authority

Authority（決済権）についてもBudgetと同じで、〝鎌をかける質問〟が有効です。

例えば、「この案件は酒井部長がOKなら、それで決まる案件ですよね」と聞いてみる。そうすると、「それで決まるわけないでしょう、大塚さん。私の決裁権、知ってる？　100万円だよ、100万円。大塚さんのとこの見積り5300万円だよね。うちは役員の決裁権も1000万円までだから、これ常務会なんだよねぇ」などと、決裁ルートが露わになるわけです。

まあ、もっとシンプルに「御社の場合、この規模の案件になりますと、ご決定まではどのようなプロセスでしょうか……」と聞くほうが難易度が低そうなら、それでもいいでしょう。

なお、こうした先行情報とは別に、案件が進捗していった段階で、自社のポジションと言うか、提案内容、価格面で自社が何番手になっているのか、受注するためには何が必要なのかというデリケートな情報も、売れる営業は重要視しています。

10「何が解決されると、どのくらい嬉しいのか？」を聞き出そう

満足度の基準は顧客によって違う

新規案件の商談では、相手の課題やお困りごとのヒアリングがメインになるのはもちろんですが、その後の提案のためには、この時点で「何が解決されると、どのくらい嬉しいのか？」という満足度の基準も把握しておきたいものです。

それというのも、満足度の基準は、意外と顧客によって異なるからです。例えば、コストを5％削減できるなら喜んで導入する企業もあれば、5％程度の削減なら業務フロー調整の手間などを考えると食指が動かない企業も少なくありません。

つまり、顧客の満足度の基準がハッキリしないと、焦点のぼけた提案になりがちなのです。「5％程度のコストダウンなら興味ない」という基準が最初から分かっていたな

ら、もっと別の提案をしていたのに……と後で悔やんでも手遅れです。

松竹梅という3種類の提案をするにしても、「落としどころ」を独りよがりにしないためには、満足度の基準を押さえることがポイントになります。

できるだけ定量的にヒアリングしよう

具体的な質問の仕方としては、「仮に」とか「例えば」からスタートすると、こちらも聞きやすいですし、相手も答えやすくなるでしょう。例えば、こんな感じです。

> コストアップにお悩みと思いますが、仮にコストダウンできたとして、何パーセントとか10数パーセントとか、具体的にどの辺りがターゲット数字になりますでしょうか?

また、こんな聞き方もありです。

仮に現在10人でのオペレーションが5人で可能になるとしたら、インパクトは10点満点でどのくらいになりますか？

このように、満足度の基準は「何パーセントのコストダウン」「何人の削減」「いくらの売上アップ」など、できるだけ定量的にヒアリングしておきましょう。

11 優先順位とキーファクターを聞き出そう

選定条件は1つではない

取引先を選ぶ基準は1つではなく、複数であることがほとんどです。例えば仕様、機能特性、価格、性能、品質、納期、柔軟性、付き合いの長さなどなど……さらに、それらの優先順位も相手によってまちまちだったりします。

ですので、ヒアリング後の提案や見積りのことを考えると、優先順位とそれぞれのウエイト、もしくは一番重要なキーファクターを聞き出すのが鉄則です。

極端な話、100％価格勝負のコンペで付き合いの長さをアピールしても、価格が負けていたら受注にならないことは想像に難くないでしょう。要は「何がキモになるのか」を把握した上で、商談を進めていきたいのです。

選定条件はベスト3を聞こう

優先順位の聞き方は、具体的にはベスト3を聞くようにすると、自然なコミュニケーションになります。例えば、こんな感じです。

> 今回の案件ですが、機能特性、仕様、価格、実績、納期などで、御社の優先順位の高いものを３つ挙げるとしたら、どんなイメージでしょうか?

「機能特性」「仕様」など、例として挙げる項目は現実味がないといけませんので、この例に引っ張られることなく、その案件でありそうな順位で言ってみるのがいいと思います。

そして、ベスト3を挙げてもらったら、それぞれの優先順位も聞いておくといいでしょう。例えば、こんな感じです。

今回の案件で、一番重要視されているのはどれでしょうか？
100点を配分すると、どんなウエイトでしょうか？

なお、選定基準や要望が3つに収まらないケースもあるかもしれませんが、その際は5つを目途にしておくのがおススメです。5つを超えてしまうと、多すぎて優先順位がつきにくくなってしまいます。

12 ヒアリングシートは顧客に見せない

ヒアリングシートはあくまで社内帳票

新人や経験の浅い営業パーソンのために、ヒアリングシートや顧客カルテのようなフォーマットを用意している企業も散見されます。

もちろん、その後の提案のために、モレなくヒアリングし、記録してくることは営業の基本行動になります。なので、モレがないかチェックするためのヒアリングシート、ヒアリング項目リストがあるのはいいことです。

が、それをそのまま顧客の前に出したり、その項目を埋めるための順番に聞いていくような営業をしてはいけません。

なぜなら、ヒアリングシートや顧客カルテというものは、議事録とは違い、営業する側の手前勝手な社内帳票だからです。お客様の前にそれを出してしまうのは、新人っぽい印象を与えてしまい、相手からの信頼感を損なってしまうリスクがあります。

ヒアリングは自然なコミュニケーションに散りばめよう

百歩譲って、量産製品でカタログを営業ツールに用いる注文取り的、御用聞き的な営業であれば、製品の型番、数量、納期、物件名、特記事項などの定型化されたヒアリングでも、顧客は違和感は持たないでしょう。

しかし、それ以外の場合は、あくまで自然なコミュニケーションの中で、勝つ提案に必要な細かい情報までヒアリングしたいものです。

その上で、そのコミュニケーションの流れで聞けなかった項目のみ「最後に3点だけよろしいでしょうか？」といった感じで、モレている情報を補う方法がおススメです。

13 説明ではなく、アピールしよう

顧客は「説明」を聞いていない

ここまで商談におけるヒアリングについて解説してきましたが、ここからは自社製品やサービスのアピールについて共有していきます。

その際、捨ててほしいのは「商品説明」「サービス案内」という概念です。店頭に買いに来ているお客様への「商品説明」や「サービス案内」はギリギリセーフですが、客先での商談やオンラインでの商談の場合は「商品の説明」ではなく「商品のアピール」が鉄則です。ここを取り違えないようにしましょう。

自社商品やサービスの特長を分かりやすく説明すれば、相手が興味・関心を持って導入したくなるというのは、幻想です。先に紹介したように「人は自分の興味のあること以外は右から左に抜けていって、記憶にも残せない動物」なのです。

相手の質問に対して「説明」するのは大丈夫ですが、それ以外の場面で「説明」してはけません。

顧客の興味・関心に合わせて「アピール」するのが大切

ではどうすればいいのかと言うと、「説明」ではなく「アピール」というコミュニケーションの様式を使いましょう。

説明が「事前に用意された営業トークやツールを使って自社商材を紹介すること」だとすると、アピールは「相手の興味・関心をターゲットにして自社商材から得る恩恵を訴求すること」を指します。言葉を変えると、「相手の持つ課題をいかに自社商材が解決するかを伝えること」とも言えるでしょう。

例えば、あなたが人材サービス業のセールスパーソンだとしましょう。すると顧客は当然「採用に悩んでいる会社」となるわけですが、一口に採用に悩んでいると言っても「応募すらない」状態なのか、「応募はあるが、欲しい人材が来ない」状態なのか、いろいろあるわけです。

もし顧客の抱える課題が「応募はあるが、欲しい人材が来ない」というものでしたら、単に自社の新卒、中途、派遣などのサービスメニューを説明しても、「すでに全部試したよ」という結果になりがちなのは想像に難くないでしょう。

そうではなくて、「欲しい人材の獲得競争になっている現在、他の採用方法と比較して、スカウト型サービスが最適です」などと、顧客が抱える課題のど真ん中に向かってアピールするのが正解なのです。そこで相手が興味を示したら、さらに「欲しい人材にアプローチでき、しかも成果報酬型なのでローリスク、費用対効果が高い」といった恩恵についてたたみかけるのです。

3種類くらいの「切り口」を用意しておこう

なお、このようなアピールをするためには、当然、顧客の興味・関心や課題を正しく把握しておかなければなりません。だからこそ顧客の興味・関心をいかに把握するかについて、これまで何度も触れてきたわけです。

その上で、「顧客の興味・関心に合わせて自社商材の恩恵をアピールする」ためには、相手が得る恩恵（ベネフィット）を言語化、つまりは言葉にしておくことが必要です。相手が反応を示さないと想定通りに営業が進まなくなってしまうので、上司や先輩に聞くなどして、自社商材が顧客にどのような恩恵をもたらすのか（あるいは、どのような課題を解決できるのか）、3種類くらいの「切り口」を準備しておきましょう。

14 強みや特長を3つ伝えよう

2つでは足りず、4つ以上では覚えきれない

「アピール」の場面で使ってほしいテクニックの1つに「マジックナンバー3」があります。

これは製品やサービスの強みや特長を3つにまとめる伝統的な手法です。なぜ3つかと言うと、2つでは足りず、4つ以上では覚えきれないから。ちょうどいいのが3つというわけです。

イメージが湧きやすいように例を示しておくと、こんな感じです。

> 弊社のこの営業支援システムには3つの強みがあります。

まず1つ目は、iphone のように感覚的に使える点です。入力も音声入力でもフリック入力でもキーボード入力でも大丈夫です。ちょっと試してみますか？（中略）。

2つ目はとにかく営業パーソンにも、管理する側にも簡単で使いやすい点です。営業パーソンにとっては営業報告が短時間で入力できますし、管理職は自分の好きなデータや進捗管理のフォーマットのアウトプットが自由自在にできる点です。

そして最後の3つ目ですが、ＡＩによって過去の営業の進捗、受注、失注を学習していますので、受注するための「次の一手」まで生成できる点です。

仮に強みが2つしかなかったら、「強み」とは言えないものでも構わないので、3つ目を加えておくと、最初の2つが引き立つことになります。

また、強みが4つあった場合は、まずはマジックナンバー3を使っておいてから、補足として4つ目を加えておくと相手の印象に残ります。

15 どんな小さな差別化ポイントでも伝えよう

小さなことを大げさに語る

昨今の営業パーソンを悩ませているのが、「競合製品や競合サービスと比較して明確な差別化のポイントなんてない」という事実です。機能特性、品質、価格、納期、アフターサービスなど、どれをとっても似たり寄ったりで、打ち出しポイントが見つからない……と感じたことはないでしょうか？

そう感じてしまうのは無理のないことですが、心配無用です。

競合との差別化を明確にする場面での営業パーソンの基本行動は「針小棒大」。そう、一見取るに足らないような小さなことを大げさに語るのです。

「小さな価値が探せるかどうか」が営業の腕の見せどころ

つまり、自社製品やサービスの小さな価値が探せるかどうかが、営業パーソンの真価が問われるところなのです。謙虚になりすぎて、自社製品やサービスを過小評価してはいけません。

機能特性、品質、価格でほとんど差がなくても、競合品と比較し「壊れない」「故障率が少ない」という事実があるなら、故障時にラインが止まることによる機会損失の大きさを相手に考えさせるなどして、自社製品の優位性を語ればいいのです。例えば、こんな感じです。

弊社製品の強みはノイズに強いことです。Ａ社さんには「データ上は他社製品と同等だけれど、使ってみるとやはりノイズに対する強さを実感する」ということで、各工場で採用されています。

あるいは競合品と比較して有効成分が多いなら、その差を語るだけでなく、その結果、消費者がどのような恩恵を得ることができるのかを消費者アンケートや専門機関による客観データを用いて証明するようにしましょう。その差がたとえ1％程度であっても、その差がどれだけすごいことなのかを、いけしゃあしゃあと語ってほしいのです。

評価は顧客が決めるもの

実際の評価は顧客が決めるものです。ですから、営業パーソンが「競合製品や競合サービスと比較して明確な差別化のポイントなんてない」と思ってしまうこと自体が、実は、おこがましいのです。毎日その商材を営業している営業パーソンにとっては「取るに足らないような小さなこと」であっても、顧客にはそれこそが求めていた価値だったというのは、よくある話です。

正直、機能特性、品質、価格で差がつかないから、営業で差をつけることで成果を出している企業は山ほどあります。相手に役立つ情報提供や素早い対応ですら、強力な差別化のポイントになりますので、堂々と自社の強みを語りましょう。

16 メリットと合理性を理解させせよう

結果としてもたらされるメリットを考えさせる

自社製品の説明ではなく、アピールをしましょうと解説しましたが、ここではさらに一歩進めて、商品やサービス自体を語るのではなく、自社製品を採用するメリットや合理性を理解させるという方法を紹介します。

まずメリットですが、これは顧客の課題や問題、不便さや不足していること、不満や満足していないことに対して、それを解決できるのが自社製品や自社サービス、自社であるということを理解していただくことになります。

自社製品が直接与える恩恵でなくても、結果としてもたらされるメリットであればＯＫです。例えば、こんな感じです。

御社のリソース不足を解決するためにも、保守・運用は弊社が巻き取り、そこで余ったリソースをコア業務である開発に集中させるほうが、短期的にも長期的にもかなりのメリットが出るのではないでしょうか？

ポイントは、相手に問いかける形になっている点です。「理解させる」という文脈では、自分が説明してばかり、アピールしてばかり、話してばかりではいけません。必ず、相手が自分の頭の中で考えて、気がつく場面を設けるようにしましょう。

営業パーソンが正解を話すのではなく、顧客に考えさせて正解を話させることに注力してください。

客観データでロジカルに外堀りを埋めていく

一方、合理性については、「総合的判断から自社製品が最適ですよね」となるような客観データでロジカルに外堀りを埋めていく感じです。

例えば、よくある話ですが「性能、品質の高さは認めるが価格が高すぎる場合」、もし価格が他社に比べ25％程度高いのであれば、「いいけど高い」トレードオフ関係からプラスを生み出すロジックを考えたいところです。

> 確かにイニシャルコストだけを単純比較すれば、性能と耐久性に一番優れている弊社が25％ほど高いのは事実です。
> が、こちらの比較表が示す通りランニングコストは逆に弊社が一番安価ですので、5年以上使用するなら、弊社の費用対効果が群を抜いています。10年から15年はお使いになるのではないでしょうか？

こんな感じで相手に回答させて、感触を確かめつつ「さらに……」と採用しない理由がない状況にまで詰めていきましょう。

17 相手にプラスの兆しを見せよう

形のある商材なら実物を見せればＯＫ

顧客の興味・関心が「うちも導入したい」のステップに昇格するには、なんらかのプラスの兆しが不可欠になります。プラスの兆しというのは、例えば「コストが下がりそうだ」「省力化できそうだ」「課題が解決できそうだ」というようなポジティブな予感、期待のことです。

ただ、このプラスの兆し、営業している商材によって事情が変わってきます。

あなたが営業している商材は形のある製品でしょうか、それとも形のないサービスやシステムでしょうか？

実は形のある商材を営業するのと、形のない商材を営業するのでは難易度が異なります。

形のあるものは顧客も見えますし、触ることもできますから、「工作機械なのに、ずいぶんとスタイリッシュになりましたね」とか「今度のモデルは操作パネルが一面にまとまって使いやすそうですね」とか、プラスの兆しに顧客のほうから気づくことができます。

これは営業を進める上で、ものすごく有効で、正直、営業トークがどんなに下手でも、顧客は見ればその良し悪しに自ら気づくことができます。

形のない商材はエビデンスが不可欠

一方、人材サービス、ＩＴソリューション、金融サービス、広告など形のない商材はそうはいきません。

そもそも形のない商材は、「やってみなければ結果が分からない」という性質があります。費用対効果が測定しにくいどころか、「求人サイトに３００万円投資したのに、採用どころか応募がゼロ」という事態も起こりえるのです。

そういう意味では、形のないものを売る営業というのは「可能性」を営業しているのに過ぎないという側面もあります。例えば「欲しい人材が採用できる可能性」「ネット広告によって新製品がヒットする可能性」「利回り7・5%以上で運用できる可能性」に投資していただくわけです。

なので、プラスの兆しを感じていただく、イメージしていただくには「その可能性が高い」と納得していただくエビデンス（証拠）が不可欠になります。エビデンスとして用いられるのは導入事例、定量的に可能性が示せるデータ、デモや実際に試してみるトライアルなど。例えば、こんな感じです。

> このVRソリューションによって動画で匠の技をリアルに模倣できたら、どうでしょうか？　技術継承ソリューションとしてたくさんの事例がございますが、まずは同業界では……

これが、形のあるものを売る営業と形のないものを売る営業の決定的な違いになります。

18 比較で語ろう

人間は「比較」が認識しやすい

自社製品やサービスの機能特性をアピールしたり、プラスの兆しを感じてもらう場面で強力なコミュニケーションの様式が「比較で語る」ことです。

あなたの部門でも営業ツールに比較表が使われていませんか？

それは人間の認知機能の特性として、相対化できる「比較」が認識しやすいからです。

「御社」「競合A社」「競合B社」の3社の比較で、5項目～7項目程度の比較項目で作成された比較表は、顧客からしてみると内容が腹落ちしやすいのです。やはり文章より、こうした比較表にしたほうがシンプルに感覚的に相手に伝わるので、自社製品やサービスの差別化を理解していただく場面で使ってほしいと思います。

比較表を作る際のちょっとしたコツ

なお、比較表を作る際には、なるべく直感的に判断できるように表記しましょう。寸法や重さ、静粛性など定量化できるものは数字で示すのが基本ですが、直感的に判断できないものは○△×とか◎○△表記で単純化する方法も有効です。

また、比較表で重要なのは比較項目なのですが、自社が優っている項目からスタートしましょう。優っている点を3つ以上続けるのが理想です。

さらに、あえて自社が劣っている点も記しておくことで、信ぴょう性が高まります。ただし、劣っている項目は最初ではなく最後、もしくは後のほうにしましょう。

比較表の例

	営業サプリ	集合研修	eラーニング
時間・場所の制約	○ いつでもどこでも好きな時に学ぶことができる	×	○
個別指導	○ 具体的な「あなたのこの商談」について指導	△	△
現場OJTとの連動	○ 先輩にも参加いただき、現場との連動可能	×	×
スキル習得	○ 小さな単位で学習・実践することで定着化	○	×
場の強制力	△ オンラインなので、集合研修と比べると弱い	○	×

19 表情、ジェスチャー、相槌で語ろう

わざとらしいくらいで、ちょうどいい

章の最後に、言葉以外のコミュニケーションについても触れておきましょう。

「目は口ほどにものを言う」ではありませんが、表情、ジェスチャー、相槌というものは営業トーク以上にその後の結果を左右するものです。表情が暗い、能面のように変化がない、相槌がぎこちない、目を見て話すことができない営業パーソンは、「コミュニケーション力がない」という烙印を押されがちなので、早いうちの修正が必要です。

実は、簡単に修正できる方法があります。

それは表情、ジェスチャー、相槌も全部「わざとらしくする」ことです。わざと口角を上げ、歯を見せるだけで、相手には笑顔に見えるので、それだけでもいいですから、

表情は盛りましょう。

それから、これはオンライン商談で再認識されたことですが、表情と同じようにジェスチャーも大切です。強い同意を示す時には「確かに、おっしゃる通りです」と言いながら、目をつむって大きく強くうなずけば、相手は強く同意してくれていると受け止めるでしょう。

この多少の「わざとらしさ」が、その場の空気、雰囲気を作るのです。

営業は演じること

「わざとらしくする」なんてできないと思ってしまう人も、いるかもしれません。きっと素直な人で、人格にも優れているのだと推察します。

でも、ここはひとまず「営業は演じること」だと割り切ってしまいましょう。あなたの持って生まれた素の性格やこだわりは、いったん脇に置いて、営業という役割を演じるモードで、まずはちょっとだけ、表情を明るくしてほしいのです。

品質トラブルやクレームなどで顧客に謝罪しなければならない場面で、上司が表情で謝罪の空気感を醸し出しているのを感じたことはないでしょうか?

部下がやらかしたことの責任を取って、謝罪する上司。他の人がやらかしたことだから、冷静になれるし、上司の責任を演じることもできるわけです。これを演じずに、素の自分でやっていたら、それこそココロがすり減ってしまいます。

営業は「演じられるようになって一人前」と割り切ってしまうことをおススメします。

第3章 AI時代の提案は「これ」だけ

すでにITソリューションや広告、人材サービスなどの提案力勝負の業界では、生成AIが提案書のアウトラインを瞬時に示してくれるようになり、業務の効率化に一役買っています。しかし、それはあくまで既視感満載の平均的なアウトラインですので、そこから顧客にもっとも刺さりそうな「ならでは」の一仕事を加えることが不可欠です。この章では安直にAIに頼って失敗しないよう、外してはいけないポイントについて共有していきます。

1 値段ではなく解決策を提案しよう

見積りや取引条件は「提案」ではない

まず、そもそもの問題として、営業パーソンも上司も、営業部自体も気づいていないかもしれませんが、顧客からすると「これ、提案になっていないんですけど……」というケースがあまりに多く見られます。

要は、単なる見積りのことを社内では「提案」と呼んでいたり、特別な値引きや取引条件を「提案」と呼んでしまっているのです。確かに、それらも広義では「価格提案」であったり「特別な取引条件の提案」に違いありません。顧客にとっても、大きな値引きや有利な取引条件は魅力に感じることもあるでしょう。

しかし、それでは自社の収益が確保できません。それに、安直な値引きは営業スキルを高める障害になってしまいます。決して、王道のやり方ではないでしょう。

「提案」とは顧客に解決策を明示すること

では、正しい「提案」とはどういうことなのか？

それは、顧客に解決策を明示することです。顧客の課題、お困りごと、不満、不満までではいかないけれど満足していないこと、希望、期待に対して、自社としての解決策を練って明示することが提案の王道です。例えば、こんな感じです。

・年間10億円に及ぶ運用コストを削減したい顧客への、パッケージソフトの提案、もしくはクラウドソリューションの提案
・自分の頭で考えて、行動できる優秀な人材を新卒で20名採用したい売上300億円の非上場企業への提案
・業界2位の商品を年間1億円販売している量販店に対する、業界1位商品のリプレース提案

もちろん、予算のある案件になりますが、勝負は「提案の中味」になることは明らかです。「解決策」を提案しなければ、土俵にすら立てないのが分かるでしょう。

顧客は、まずは「提案の中味」を評価します。価格はその後です。解決策に可能性や魅力が感じられなかったとしたら、どんなに安価でも最初に振り落とされてしまいます。

「なぜ顧客は、あなたの営業する商材を買うのか？」も考えつつ、「解決策を提案する」ことを最初から思考のど真ん中において、商談に臨み続けるようにしましょう。

2 思考の形跡を示そう

ＡＩが提案プロセスにもたらした3つのメリット

「営業サプリ」の「営業力強化に関する取り組み実態調査２０２４」（図のＱＲコードからダウンロードできます）によれば、すでにＡＩを営業に活用している企業の27・3％が「提案書作成の場面」や「提案準備」の場面で使用しているそうです。

これは悪いことではありません。現時点（２０２４年8月）でＡＩが営業の提案プロセスにもたらすメリットとしては、少なくとも次の３つがあると思います。

①提案のポイントが探しやすくなった

まずは、提案のポイントを探しやすくしたのは確かです。インターネット情報がベースですから、平均化されているとはいえ、その最大公約数的な項目を列挙してくれるので、そこから争点になりそうなポイントが探すことが可能になりました。

②モレていた視点や発想に気づける

顧客からの課題やヒアリングの内容をもとに提案内容を構想する際、前のめりになればなるほど、他の可能性、もう1つの考えをおろそかにしがちです。ＡＩはそうしたモレに気づかせてくれます。

③業務の効率化

①、②とも関連しますが、提案活動にかかっていた時間の大幅削減により、業務が効率化されます。

「営業力強化に関する取り組み実態調査2024」
ダウンロード用QRコード

AI任せでは「思考の形跡」は伝えられない

しかし、その一方で正直、AIは「提案の質」の二極化に拍車をかけたという向きもあります。それが顕著に表れるのが「提案に至るストーリーや論理立て」の部分です。

もちろんグラスが空いたお客様に「何かお持ちしましょうか？」と提案するなら、ストーリーも、論理立ても不要でしょう。数百円、数千円台の価格帯、しかも自分の意思で即決できる商材には「思考」はさほど必要とされません。

しかし、「年間10億円に及ぶ運用コストを削減したい」顧客に「では、クラウドを利用してコストを下げましょう」と提案するなら、その提案に至るストーリーや論理立てが必要です。

なぜなら、BtoB、つまり組織購買においては「○○という基準に照らして、A社の提案を採用します」とか、「5つの評価基準の合計がA社87ポイント、B社82ポイント、C社77ポイントという結果から総合的に判断し、A社に決定します」という意思決定がなされるからです。それに対応するためには、「なぜそのような提案をしたのか」というストーリーや論理立て、言い換えれば「提案に至る思考の形跡」を伝える必要があります。

何も考えずに生成ＡＩのアウトプットをそのまま提案していては、それができません。

ＡＩ任せではない提案のやり方

提案に至る思考の形跡を示すというのは、生成ＡＩのアウトプットではなく、自分の頭で考えたプロセスを相手に分かるようにするということです。相手の課題や問題点から、一足飛びに提案内容に移ってはいけません。

例えば、まずは「提案の背景」などで現状、顧客に何か起きているのかを示して、「問題の構造」でその要因の因果関係を展開する。その上で問題解決策もしくはその仮説を示して、問題解決へのプロセス、解決までの筋道をロジカルに描きます。

このように「思考の形跡」をハッキリ示しておけば、顧客側の比較検討する人、意思決定する人にも、あなたの提案意図、提案内容の筋道がハッキリ伝わります。さらには

「事情が分かっている人しかこの設計はできない」「顧客の事情を斟酌した上で提案している」といったアピールもしやすくなります。

その上で、「なぜ、あなたの会社に発注すべきなのか」の理由を示すために、自社の強み、優位性をアピールする。そして、未来像として問題が解決した時の姿を具体的にイメージできるように、最後は事例紹介で締める。

これが「ＡＩ任せではない」提案の流れです。

3 顧客の期待を超えよう

まずは顧客の期待を把握する

競合に勝つための提案の奥義は「顧客の期待を超える」こと。ほんの少しでいいので、最初から顧客の期待を超えるゴール設定をしましょう。

そのために必要なのは、まずは顧客の期待を把握することです。

正直、半数以上の提案は顧客の期待からズレたものかもしれません。提案と言いながら、単なる自社サービスや商品の紹介だったり、見積金額だったりすると、顧客としては「この営業パーソン、私の話を聞いていたのか?」となるわけです。

しかも、その領域については、企業の具体個別性が強く、相手の性格や立場もあるためAIは無力です。

ここは、提案内容以前の基本中の基本ですが、小論文の試験で「お題」と回答が合っていないと0点とか低い点数になってしまうのと同じように、まずは気をつけたいポイントになります。

期待に応えるだけでなく、期待に応え切る

期待が把握できたなら、次はその期待に応える提案を構想しつつ、「期待に応える」ことと「期待に応え切る」違いを意識してほしいと思います。そのほんの僅かの差に思考が及んだかどうかが、受注と失注の分かれ道になることが、どれだけ多いことか。

例えば、電子機器1つの提案であったとしても、性能、品質、価格、納期だけでなく、実際にその機器を使って作業する人たち、メンテナンスする人たちの「作業性の良さ」まで含めた提案にできるかどうか、ということです。

「期待に応える」というスタンスだと、考えて、考えて、考え抜いた提案ではなく、最初の発想で提案を描きがちになってしまいます。先輩や上司がレビューしてくれたり、ダメ出しをしてくれる中で「期待に応え切る」粒度の提案に高まっていけばいいのです

が、中堅以上のキャリアになってしまうとそうした機会もなくなり、自己レビューするしかありませんので、くれぐれも気をつけてください。

プラスアルファを加えて顧客の期待を超える

さらに言えば、期待に応え切った提案も、期待を超えた提案には勝つことができません。ですから、期待に応え切った提案にどんなプラスアルファを加えれば、顧客の期待を超える提案になるかという発想を持ってほしいのです。

たとえ、そんなプラスアルファどころか、期待に応え切ることすらままならない状態であっても、「期待を超えようとする意識」は重要です。意識があるからこそ、期待を超える何かがひらめく、その情報がキャッチできるということも起こりえるのですから。

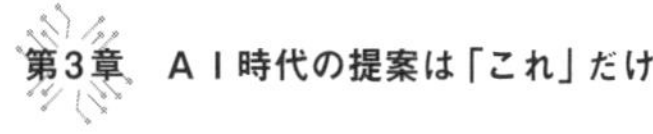

4 採用されるための情報を収集しよう

主管部門だけでなくユーザー部門や購買部門の情報も大切

ここまで提案の基本的な考え方について説明しましたが、ここからはより実務的な内容に触れていきましょう。

営業の結果は、常に受注と失注しかありません。どんなにいい提案をしても、どんなに手間をかけても、失注してしまえばすべてが水の泡、徒労になってしまいます。受注率を最大に、失注を最小にするためには、単に「提案する」という思考ではなく、「採用される提案をする」という発想が必要になります。

採用される提案のためには、まずは情報収集から。特に数百万円以上の案件であれば、比較検討を担当する主管部門だけでなく、ユーザー部門や、実際の発注書や契約関係を担当する購買部門からの情報収集もしておきたいところです。
もしユーザー部門の関係者と面識がなければ、こんな感じで依頼すれば自然です。

御社に最適の仕様にするために、実際に使われるユーザー部門の方に細かなご要望を聞いておきたいのですが……。

なお、案件規模が大きくなれば、ステイクホルダーと呼ばれる主管部門、ユーザー部門、購買部門の担当者、課長級、部長級それぞれからの情報があったほうが、当然のことながら勝率は高くなります。

誰がキーパーソンなのかは企業ごと、案件ごとに異なる

通常、ユーザー部門は価格よりもっとも自分たちのニーズを満たしてくれるものを欲しがりますし、購買部門はどれだけコストを落とせるかを優先させます。そのバランスを取って最適な提案を選ぶのが比較検討する部門というわけです。

どの部門の誰、つまりどの役職者がキーパーソンなのかは、企業ごと、案件ごとに異なりますので、決定者、自社推し、他社推しまで含め情報収集したいところです。その情報ルートがあるかどうかも、その後の明暗を分けるポイントとなりますので、それぞれの部門に人間関係があるほうが有利にはなります。

ボトムアップで現場の意見が通りやすい企業もあれば、購買部門の力が強い会社もあるので、前任者や上司、顧客との人間関係を通して、その辺りの情報は入手しておきたいところです。

とはいっても、簡単に他部門の役職者に会えない、有益な情報が収集できないということもあるでしょう。本人の口から提案に求める最大のポイントを聞けるのが一番いいに決まっていますが、なんらかの理由でそれができない場合は、せめて同じ部門の部下に、こう聞きましょう。

今回の案件で○○部長が重要視しているところとは、前回同様×××でしょうか？

このように類似案件を引き合いに出すなどすると、当たりをつかみやすくなります。

5 断片的な情報を読み解こう

相手の言葉を鵜呑みにするだけでは不十分

提案ではもちろん、顧客との商談、ヒアリングで得たお困りごとや課題に対しての解決策が柱になります。

ただし、反射神経的に課題に応えようと発想する前に、顧客から得た断片的な情報を読み解くプロセスを入れましょう。相手の言葉や仕様書を鵜呑みにするのではなく、深堀りして、顕在化している問題の背景や要因、因果関係などについても分析しておくのです。

相手の要望や期待に対して芯を食った提案に仕上げるためには、問題の本質にたどり着いた上で、提案する内容を固めていきたいからです。

フレームワークを活用する

実際の読み解き方については、そのテーマに応じたフレームワークが便利です。市場分析でよく使われる主なフレームワークを表にまとめたので、参考にしてください。

こうしたフレームワークはＡＩでもインターネットでも簡単に探せますし、みなさんの職場にもよく使われるものがあるかもしれません。それらのフレームワークを利用しつつ、顧客の課題を読み解いてみてください。

また、問題や課題の切り分けには「方向、方法、エネルギー」の視点を使うと問題が浮かび上がりやすくなります。これは「戦略の方向性がまずかったのか」「方向性は正しかったが、そのための方法がまずかったのか」「方向性も方法も正しいのに、社員のエネルギー（モチベーション）を下げてしまうような要因があったのか」とシンプルに原因に当たりをつける方法です。

これらの「切り口」で断片的な情報を整理して、問題の本質を導きだし、効果的な施策や打ち手を創出する。そうすることで、顧客の期待の芯を食う提案を立案できるのです。

市場分析の主なフレームワーク

用途	フレームワーク名	分析する要素
マクロ的な環境変化	PEST分析	Politics（政治）、Economy（経済）、Society（社会）、Technology（技術）
ミクロ寄りの環境変化	3C分析	Customer（市場・顧客）、Company（自社）、Competitor（競合）
消費者視点	4C分析	Customer Value（顧客価値）、Cost（コスト）、Convenience（利便性）、Communication（コミュニケーション）
企業視点	4P分析	Product（製品・サービス）、Price（価格）、Place（商流）、Promotion（プロモーション）
顧客の現状	SWOT分析	Strength（強み）、Weakness（弱み）、Opportunity（機会）、Threat（脅威）

6 顧客の優先順位を分析しよう

どの要件が優先されるかは顧客によって違う

顧客の期待の芯を食う提案をするためには、単に顧客が出してきた要件に応えるだけでなく、それらの要件の中でもどの要件が優先されるのか、優先順位を把握しておくことが重要になってきます。

ただ、一口に顧客と言っても、中小企業に対する３００万円の案件であれば、社長の優先順位がつかめれば何とかなる場合がほとんどですが、大手、中堅企業ともなれば、その組織の規模、案件の規模に応じて、案件にかかわる人の数が変わってきます。

案件規模が大きくなると、主管部門、ユーザー部門、購買部門などの複数の部門の部長級、課長級、担当者、それぞれの優先順位が交錯している状態です。相手の登場人物、ステイクホルダーが多いので、提案に取り掛かる前に、前述した「採用されるための情報収集」から得た情報をベースに、いったん登場人物ごとの優先順位を分析しなければなりません。

ここは具体個別性が強いので、ＡＩに頼れない部分です。世の中には、価格よりも「世界に先駆けた技術」の優先順位が高い人や組織が存在する一方、逆に「日本初」「一号機」なんてとんでもない話で、安定稼働していることの優先順位が一番高いという企業もあるのです。

登場人物が3人を超えたら相関図を描こう

優先順位のつけ方ですが、登場人物が3人を超える場合は、頭の中で考えるのではなく、パソコン画面でも紙でも構わないので、キーパーソン、自社推しの支援者、他社推しやアンチ自社の障害になりそうな人、その他の登場人物の相関図を描いてみましょう。

そして、そこにそれぞれの優先順位のトップ3を記入していってほしいのです。トップ3なんて細かく把握できなかった場合は、あえて単純化するために付加価値とコストのどちらを優先するかという二分割思考で分析する手もあります。

頭の中だけで考えるとモレる可能性があったり、グルグルしてしまって無駄な時間を生み出してしまうので、必ず、相関図にしましょう。そのほうが上司や先輩に相談や報告もしやすいです。

優先順位は相手組織の風土と登場人物たちの組織の論理と個人的性格で決まってくるものなので、ヒアリングすることから始まるのはもちろんですが、実際は「ヒアリングしてきた情報をどう読み解くか」という優先順位の分析が、提案の焦点を定める上で重要なポイントになります。

7 提案の「切り口」を考案しよう

AIにはできない提案の最重要ポイント

提案に関する最重要ポイントは「切り口」です。顧客の課題、お困りごと、ニーズに対して、自社製品やサービスの強みをどういう「切り口」で訴求するかが、勝つ営業の本質と言えます。

「切り口」という表現にピンとこなかったり合致するものがない場合は、顧客ニーズに対して提案で「何を打ち出すか」ということでも構いません。

この「切り口」ですが、生成ＡＩに顧客の業界、あなたが営業している製品やサービスの名称、そして最後に「切り口」を入力すれば、大雑把なアウトラインを示し、最後にこう回答してくれるでしょう。

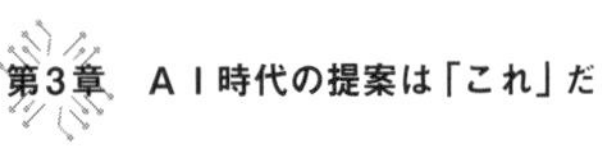

「企業の独自の特性や戦略に合わせてカスタマイズすることが重要」

誤った回答ではありませんが、これでは現状、「切り口」に関しては、ＡＩはまったく使い物になりません。

「切り口」がニーズを生み出す

ですので、ここでは商談やヒアリングで得た情報を分析し、仮説を展開するといった思考過程の中で、「相手のお役に立ちたい」といった感情移入を加え、競合他社の提案との差別化ポイントを探りたいところです。

起きている現状や入手した情報・データを分析する帰納法的なアプローチでも構いませんし、仮説を展開する演繹的なアプローチでも構いませんので、まずは提案の「切り口」を探す。例えば、こんなイメージです。

・ＳＦＡ（Sales Force Automation：営業支援システム）のリニューアルを検討している企業に対して、日本用にローカライズしたセールスイネーブルメント（営業組織の強化・改善のための取り組み）という切り口で提案する。
・正社員の採用ができない飲食業に、「学生アルバイト、パートの募集」という切り口ではなく、「将来の独立・開業準備というキャリアパス」という切り口や、「年間3ヵ月丸々シフトがなく、マリンスポーツやウインタースポーツと二足の草鞋が可能な勤務体系」という切り口を提案する。

高額商材や、差別化が難しい商材になればなるほど、受注、失注を分ける決め手は「切り口」になります。商談がスタートする段階から、提案時の「切り口」を探す習慣を持ちたいものです。

8 提案の全体像をフワッと描こう

全体像を持つことでズレが起こりにくくなる

提案の「切り口」が決まった後でもいいですし、その前でも構わないのですが、提案の全体像をフワッと描いてしまうようにしましょう。

いわゆる提案の「全体感」や「世界観」と呼ばれるものですが、「全体的にこんな感じの提案にしたい」というイメージです。全体像という表現が分かりづらい場合は、「ここからここまでの範囲の提案」とか「スタートとゴール」と考えてもらうといいと思います。

人の思考には好みや癖がありますので、「切り口」が先でも、「全体像」を描いてから「切り口」を選択するという順番でも構いません。フィット感のあるほうで進めてください。もちろん、「全体像」と「切り口」を行ったり来たりしながらの進行もありですし、実際にそこから収れんされることも少なくありません。

全体像を描くことによって自動的に大所高所から、顧客ニーズからズレてはいないか、問題の本質にアプローチできているのか、モレはないかということに気づきやすくなるのです。メタ認知が有効に機能するので、継ぎはぎの提案ではなく、ベストな提案になりやすく、思い込みで突っ走るリスクも最小限になります。

提案というのはあれこれ考えたり、ブレストしながら拡散的思考で展開するわけですが、最終的には収束的思考でなんらかの提案に仕上げる必要があります。その拡散的思考の時点で「全体的にこんな感じ」という全体感を持ってほしいのです。

AIを上手に生かすためにも大切

すでに生成AIで提案のアウトラインまで示してくれる時代となりましたが、自身が描いた「こんな感じ」に不足している視点を生成AIのアウトプットとの比較の中で見つけ出すのもいいと思います。

「全体像をフワッと」「全体的にこんな感じ」というのは極めてアナログ思考ですが、実はAIのデジタル思考に基づくアウトプットは、営業場面では、顧客に既視感を与えてしまうという決定的な欠点を持っています。その欠点を理解した上で提案準備や提案書作成に生かしてほしいと思います。

逆に言えば、AIの欠点を補い、上手に生かすには「全体像をフワッと」「全体的にこんな感じ」を描くのが最適というわけです。

9 全体的なストーリー、構成を考えよう

相手に伝えるためにはストーリーが必要

提案の「切り口」と「フワッとした全体像」が決まったら、次は提案のストーリー、構成作りです。

独りよがりな提案や自社志向の提案では、相手には伝わらないどころか、その良さやメリットが理解されません。勝つ提案のためには、相手にそれらが伝わるストーリー、構成が不可欠になります。これまで、その発想がなかったり、提案の勝率に課題感を持っている人は、ストーリーの意識を持つと状況が好転するかもしれません。

ストーリーの発想がなかった人にとっては、「ストーリーを作るってどういうこと？」かもしれませんが、そうした人にとっては生成ＡＩが、瞬時にストーリー案を生

成してくれるので、ＡＩはゲームチェンジャーになるに違いありません。

ＡＩによって、パワーポイントに盛り込む内容から、推奨するデザイン案まで瞬時に生成してくれるなんて夢のような時代になりました。これまで、提案準備や提案資料作成に費やしてきた時間を考えると革命的です。

代表的なストーリーのパターン

ただし、もちろん効率的に提案活動を進めるために生成ＡＩの助けを借りるのもいいですが、これは競合企業の営業パーソンも同じ条件ですので、依然として勝つための方略が必要となります。そこで、ここでは勝つために提案主旨がもっとも相手に伝わる代表的なストーリーを紹介しておきます。

まずは、こんなストーリー。


提案背景↓問題の構造↓問題解決への仮設↓解決へのプロセス↓自社の強み↓相手が得る恩恵↓問題が解決した時の姿↓事例紹介

こちらは、「相手が得る恩恵」を最初にしてインパクトを高める方法もあります。

次は、欧米でのプレゼンの鉄則である「マジックナンバー3」、つまり「3つにまとめる」の系譜のストーリーです。

〇〇〇をおススメします（主張）↓根拠1と事例↓根拠2と事例↓根拠3と事例
↓なので、〇〇〇をおススメします（結論）

あるいは、小論文や文章の型として私たちに一番馴染みの深い、「起承転結」のストーリーも当然ありです。

ただし、営業ではマジックナンバー3的に結論を最初に「ドーン！」と明示したほうが、相手にとっては分かりやすくなるので、あえて結論を先に示して最後にダメ押しする「結起承転結」にしてしまうのもいいでしょう。

10 提案書は書くのではなく、組み立てよう

たたき台やテンプレートが効率化のカギ

前述したように、ＡＩを営業に活用している企業の27・3％が「提案書作成の場面」や「提案準備」で、と回答しています。これまで提案書作成にかけていた時間が8割とか9割のレベルで削減されたことに驚いた営業パーソンは少なくないはずです。

なんと言っても、提案すべき内容の骨子、パワポでの各スライドのデザイン案までＡＩが瞬時に生成してくれるのですから、営業の生産性を著しく高めました。

ただ、そもそもＡＩ以前から「提案書は書くものではなく、組み立てるもの」という発想が営業の生産性を高めるポイントでした。「組み立てる」というのは、つまり提案書をゼロから作り始めるのではなく、たたき台やテンプレートからスタートし、すでに

あるスライド集の中から、最適なものを選んでコピペする方法を指します。

極端な話、提案書の9割の部分がコピペでも、それで受注できればいいはずです。もちろん、提案の勝負どころである核心部分の1割は自身の頭をフル回転させて創出するべきですが、作業的な部分は極力省力化すべきです。

過去に勝った提案書をベースにしよう

その際の最重要ツールであるたたき台やテンプレートですが、何でもいいわけではなく、生成AIの力を借りれば済む話でもありません。

おススメなのは、類似案件で受注した過去の提案書をベースにする方法です。この場合、自身の提案書だけでなく、先輩や上司のできるだけ多くの提案書のデータから選択できるほうが有利になります。勝つには理由があるわけで、その強い遺伝子を持った提案書をたたき台にすれば勝率が高くなるというのは、容易に想像がつくでしょう。

さらに、類似事例も数ある中から選択できれば、より受注に近づけるはずです。そのために、日ごろからアンテナを高くして情報収集に努めてほしいと思います。

第4章 AI時代のプレゼンは「これ」だけ

最近は提案内容からパワポのデザイン案までAIが生成してくれるので、洗練されたプレゼン資料が簡単に作れるようになりました。これはメリットのようでいて、弊害もあります。正直、AIのアウトプットは平均化されているので、既視感が強く、興味を引きにくいのです。つまり単にスライドを読み上げるだけではダメで、相手の興味・関心に焦点を合わせ、簡潔にプレゼンしなくては勝てません。この章ではプレゼンの奥義を共有します。

1 感情移入・共感のポイントを見つけよう

プレゼンをプレゼントのように考える

プレゼンテーションの語源をご存じでしょうか？

「プレゼント」、すなわちお誕生日やクリスマスの「贈り物」からきています。

私たちが誰かに何かを贈る時、何を贈れば相手が喜んでくれるだろうかとか、逆の立場になって何をもらったら嬉しいかとか、もろもろ考えるでしょう。それができるのは、相手に感情移入しているからに他なりません。

プレゼンにおいても同様で、何かを伝えようとする時に、相手に感情移入するポイントが見出せると、まるで相手が共鳴してくれるかのようにプレゼンに没入してくれる確率がマックスになります。

プレゼンをプレゼントのように考えるようになるだけで、あなたのプレゼンレベルは数段上がるはずです。AIは感情を解さないので、感情移入はプレゼンにおける人間の最大の武器になるでしょう。

感情移入するポイントが分かれば最適なスタートが切れる

では、どのようなポイントに感情移入すればいいのでしょうか？

代表的なものを図に紹介しておきますので、参考にしてください。

例えば、メーカーが保守を止めてしまって、だましだまし維持している基幹システムのお守りを任されている少人数の情報システム部門に対しプレゼンするとしましょう。システム全体をリプレースする予算も、人材もなく、現システムをいつまで延命できるか分からない中で孤軍奮闘している担当者……感情移入のポイントとしては「④相手の困っていることや課題」が当てはまります。

すると、そこに感情移入して、次のようにプレゼンをスタートできるわけです。

御社だけでなく、40年前にこのシステムを導入したすべての企業が同じお悩みをお持ちです。弊社はそのお悩みにすでに20年以上寄り添っておりますので……。

相手は「自社だけじゃないんだ」という安堵感や、同じ状況だった他社がどのようにこの問題を解決したのかをすでに経験値として蓄積している安心感を感じ、プレゼンの内容に耳を傾けてくれるはずです。

感情移入するポイント

①相手の大切にしている考え方

②相手の人間性や人となり

③相手の立場

④相手の困っていることや課題

⑤相手の経歴

⑥相手の表情

2 「つかみ」と「落としどころ」を明確にしよう

プレゼンは「お笑い」と同じ？

プレゼンを劇的にレベルアップさせるために、たった1つだけアドバイスをするとしたら、私は迷わず「つかみ」と「落としどころ」を明確にすることをおススメします。それというのも、プレゼンというのは「お笑い」、つまり漫才やコントと非常に類似性が高いと思っているからです。

「お笑い」は最初の「つかみ」と、聞き手をドッと笑わせる「オチ」で構成されています。プレゼンも同じで、受注率の高いプレゼンというのは、相手の心を惹きつける、相手をグリップする「つかみ」と、プレゼンのゴールである「落としどころ」が明確になっています。

プレゼンのスタートとゴールが明確であれば、その間にあるプレゼンのストーリー展開も作りやすいというわけです。

王道は「最初にメリットを明示する」つかみ

具体的な「つかみ」としては、プレゼンがスタートする初っ端で、相手が享受するメリットを明示してしまう方法がオーソドックスです。例えば、こんな感じです。

> これから、御社が５０００万円のコストダウンを実現するご提案をさせていただきます。

そして、その方法をプレゼンした上で、「落としどころ」として実際に使って効果を実感していただくトライアルをススメる。ＩＴ業界ではよくある手法ですが、気に入ったクルマに試乗したり、服を試着するのと同じで、実際に体験したり、使ってみた結果が気に入ったものだと、人は欲しくなってしまうのです。

マーケティングで言うところのＡＩＤＭＡ（注意喚起→興味・関心の喚起→欲求の喚起→動機づけ→行動喚起）のプレゼンの型をさらにシンプルにしたのが、「つかみ」と「落としどころ」と言ってもいいでしょう。

商材に関係のない「つかみ」もあり

なお、現実的な話としては、「つかみ」になるほどのメリットが自社商材にない場合も少なくないでしょう。

その場合は、前の章で紹介した「針小棒大作戦」を展開するのもいいですし、プレゼンを始める前にサンプルを手に取ってもらったり、あるいは商材にまったく関係のないビックスマイルや元気な挨拶で「つかむ」という方法もあります。中には、百戦錬磨といった自信に満ちた身のこなし、ビシッとした勝負服のスーツやカフスを「つかみ」にする人もいます。

様々な「つかみ」のパターンを覚えておくと、それだけプレゼンをやりやすくなりますので、ぜひいろいろ研究してみてください。

3 「For You 感」を満載にしよう

売り手本位のプレゼンに顧客は飽き飽きしている

プレゼンの冒頭、もしくは全体的にまぶしてほしいのが「For You 感」です。「For You 感」とは、プレゼン相手に〝自分（自社）のためのプレゼン〟と実感してもらうことです。

なぜ「For You 感」の必要性を強調するかと言うと、売り手が自分たちの利益のために、ホントに必要なのかと疑問を持つような提案をしてくるプレゼンばかり、という現実があるからです。そんな売り手本位のプレゼンに、顧客は「またか」と飽き飽きしています。だからこそ「For You 感」のあるプレゼンが顧客の心に響くのです。

では、どうすれば「For You 感」が出せるのでしょうか？

王道は顧客の顕在ニーズだけでなく、不満や、不満まではいかないけれど満足していない事柄に言及することです。

例えば、IT業界でトラブル時や顧客の無理な要求に対して、逃げずにまじめな態度で取り組むベンダーなら、プレゼンの冒頭で「逃げないベンダー」であることを絶対に伝えるべきです。実際にその結果、10年前には数百万円しかなかった取引額を百億円超にしたITベンダーもあります。

顧客が高頻度で用いたキーワードを取り入れる

もっとも、そうしたネタが見つからない場合も多いでしょう。

そのような場合に簡単に誰でもできるのは、相手が高頻度で用いていたキーワードをプレゼンの冒頭で、ドンッと利用する方法です。これは、心理学で言うところのミラーリングの応用です。

例えば、プレゼンのスライドの表紙や、コンテンツ紹介後の最初のスライドの「前提の整理」「現状」「背景」などに、実際に相手の部長やマネージャがよく口にしていたキーワードが散りばめられていたとしたら……。

部長が「木を見て、森も見る」という言葉を何度か話していたとすれば、そのキーフレーズをそのまま引用し、それらに応える提案になっているということを最初に明示してしまうのです。相手はその後のページのほとんどがコピペやＡＩで組み立てられたものであっても、「我がこと」としてプレゼンに耳を傾けてくれるでしょう。

ただし、相手が多頻度で用いていたキーワードが「コストダウン」だったりすると手垢がついていると言うか、あまりにありふれているので、「For You感」として用いる場合は、相手の会社がコストダウン目標として掲げている具体的な数字を加えたいものです。単なるコストダウンではなく、「〇〇による25％のコストダウン」といった感じで、その組織が掲げている数字を用いるようにしましょう。

ＡＩには生成できない「For You感」こそが勝つ営業の特徴

プレゼンにおいても、定型的なことを一方的に伝えるならＡＩで十分ですが、それではライバルに差をつけられません。だからこそ、個別具体性の塊のような「For You

感」の有無、強弱がそのままプレゼン内容の評価に直結します。

基本となるのは、プレゼンを行うあなた自身の「お役に立ちたい」という気持ち。相手の立場になって、相手の事情をよくよく斟酌した上で提案している、といった「隠し味」的な要素をプレゼンのテクニックとして活用しているのが、勝つ営業の特徴です。

ぜひ、あなたのプレゼンにも「For You 感」を取り入れてみてください。

4 前半で勝負する意識を持とう

プレゼンは最初がクライマックス

プロジェクターにスライドを投影する、しないにかかわらず、紙のプレゼン資料を最初に配布したり、事前にデータを共有してプレゼンする際、あなたがプレゼンしているページではなく、どんどん先にページをめくってしまう人に遭遇したことはありませんか?

そうした人がいるとプレゼンがやりづらくなるだけでなく、相手の意識の中にはすでに、あなたのプレゼンはありません。

そうした事態を防ぐためには、どうしたらいいのでしょうか?

その答えが、「プレゼンは前半で勝負する」ということです。例えば、質疑応答を除いたプレゼン時間が30分であれば、前半の15分で勝負できるようにプレゼンを組み立ててください。

小説や映画のクライマックスや大どんでん返しはラストというのがお約束ですが、プレゼンは違います。最重要箇所はすべて前半、しかも強いカードから切るのが王道です。

人の集中力は15分程度しか持続しないと言われています。ならば、相手の集中力が持続している間に、今回の提案によって相手にはどんなメリットがあるのか、あるいは商材の差別化のポイントとなる特性などをすべてアピールし切るべきなのです。

最初の３分でつかめ！

ここで、前章で紹介した「提案背景→問題の構造→問題解決への仮設→解決へのプロセス→自社の強み→相手が得る恩恵→問題が解決した時の姿→事例紹介」という提案のストーリー通りにプレゼンするなら、「どこまでを15分で？」と疑問に思うかもしれません。

そうした場合は「最初の3分で勝負する」作戦が最強です。提案のストーリーに沿ってプレゼンを始める前に、最初の3分以内で次のことを説明してください。

・自社がいかに相手に役立てるか、相手が得るメリット（つかみ）
・プレゼン内容の概略（サマリー）や方向づけ

順番はプレゼンの中味に応じて、どちらが先になっても大丈夫です。

これをするだけでも、あなたのプレゼンを「冗長」「ピンと来ない」「導入する決め手に欠ける」と感じる聞き手は減少するはずです。

5 ビジュアルで語ろう

文章よりもビジュアルのほうが伝わりやすい

相手にシンプルに伝えるという意味では、文字だけより写真や図解、グラフ、イラストといったビジュアルのほうが格段に優れています。例えば、入力画面が感覚的に使えるということをアピールするなら、文章で表現したり、箇条書きで説明するより、実物のビジュアルやユーチューブ動画で示したほうが一目瞭然です。

ですので、要所要所でビジュアルを用いるようにしましょう。

私たち普通の人間は、何かを説明する時に「何でも言葉で表現しようとしがち」という性質があります。いいアイデアが思い浮かんだ時も、メモしたり、スマホに入力したり、いずれにしても文字で表現することがほとんどです。

しかし、文字というのは丁寧に説明しようとすると、どんどん長くなって、ある分量を超えると逆に分かりにくくなってしまいます。だから、新聞や雑誌、ネット記事は大見出し、小見出し、本文という展開になっているわけです。

プレゼンは読ませる文章ではありませんので、相手に「伝わる」のはもちろん、相手が「理解する」「導入したくなる」ようにビジュアルを上手に生かしましょう。

プレゼン資料の作成にはＡＩを活用すべき

とはいえ「デザインセンスには自信がなくて……」という営業パーソンも多いでしょう。そういう場合は、ＡＩに頼れば良いのです。

プレゼン自体は人間がやるべきですが、こと「プレゼン資料」に限定すると、生成ＡＩは革命レベルで営業パーソンの労力を著しく軽減させつつあります。なんと言っても、「○○についてのプレゼン」と入力すれば、必要な項目を瞬時に生成してくれるのですから。しかも、その内容に少々自社商材「ならでは」の情報を追加して、今度は別なＡＩを用いれば、様々なパワポのプレゼン資料案を生成してくれる時代となったのですから驚きです。

プレゼン資料のデザイン案が気に入らないことも少なくありませんが、その案に手を加えて、自分の気に入るように修正したほうが、ゼロから作成するよりはるかに速いというわけです。ここは営業パーソンの生産性革命ということになりますから、大いに生成ＡＩを活用して、ビジュアルなプレゼン資料を作ってください。

6 「数字」で語ろう

「小型軽量」より「964g」のほうがイメージが湧きやすい

プレゼンは「言葉」で話しているわけですが、無意識に私たちはついついプレゼン資料やスライドにある「文字」を言葉でなぞりがちです。自分の言葉で、アドリブで付加説明をする時でも、ついつい定性的な表現を連ねてしまいます。

しかしながら、より強いのは「数字」です。定量的な表現は、定性的な表現より圧倒的に相手の納得を得やすいので、ぜひプレゼンではデータ、数字を武器にするようにしましょう。

例えば、商材の性能の高さを「数字」で示すのです。「小型軽量のノートパソコン」より「964gのノートパソコン」あるいは「1kgを切るノートパソコン」のほうが、インパクトが強いとは感じませんか？

これは、数字によって聞き手のイメージが湧き、頭の中のイメージの解像度が高まり、よりリアリティを感じるためです。

比較しやすいのも数字のメリット

前の章で「比較」や「比較表」の効用について説明しましたが、比較表の主役もやはり数字やデータです。

電子部品、設備機器、工作機械、ウェブ広告、IT、採用支援など競合がいる場合のプレゼンでは、買い手の意思決定の基準となる項目を数字で表現することがほとんどです。それは、買う側が比較しやすい、判断しやすい、費用対効果が明確にしやすい、上司に上げやすいからです。

例えばモバイル用パソコンなら、各社のパソコンを比較するスペック項目は、①OS、②CPU、③メモリー容量、④寸法、⑤質量、⑥バッテリー駆動時間、⑦価格、⑧取引関係（互恵取引の可能性）といったことになるでしょう。①②③で⑦の価格は決まってくるものの、価格勝負の案件以外、正直、ここで差別化のポイントをプレゼンすることはかなり難しいはずです。

そこで機能特性をプレゼンでアピールする際に、④の寸法で薄さを「20・0㎜より薄い」と実物を示しながら、薄さを数字で語る。ここで「2㎝」ではなく、あえて「20・0㎜」と表現するのがポイントです。よく食品や飲料のCMで「○○1000㎎配合」とかありますが、「○○1g配合」よりありがたく聞こえてしまう、買う側の心理に基づく方法です。

強調したいところは可能な限り数字で表現する

そして、モバイルパソコンの場合の最大の差別化のポイントはバッテリーの駆動時間でしょう。コロナ禍でオンラインツールの使用が当たり前になって、バッテリー消費がより激しくなったことにストレスを感じている営業パーソンも少なくないはずです。そんな時に15時間を超えるようなバッテリーが標準装備されていれば、この「15時間」という数字が最強の武器になるということが分かるでしょう。

バッテリーつながりで、昨今、ＥＶでのフル充電時の航続距離が買う側の「意思決定のポイント」になっていますが、これも５００㎞前後では魅力を感じない人も少なくないでしょう。夏場のクーラー使用時、厳冬期でもずっとそれが７００㎞超で、家庭で簡単に充電できて、ガソリン車並みの価格と耐用年数ならゲームチェンジャーになりえるかもしれませんので、「航続距離７００㎞」というプレゼンを待ちたいと思います。

このように強調したい場面では、可能な限り数字で表現するようにしましょう。

7 事例、体験談、エピソード、たとえ話、描写を盛り込もう

ストーリーテリングは再現性が高い

「ストーリーテリング」という言葉を聞いたことがあるでしょうか。昨今、欧米企業を中心にプレゼンや商談、販売場面で「ストーリーテリング」の技法が取り入れられるようになっています。

「ストーリーテリング」というのは、相手にイメージを湧かせ、合意形成を促すために体験談やエピソードを用いて物語として伝えることです。つまり、プレゼン場面で営業パーソンがよく用いている、事例や体験談やエピソードと言えば分かりやすいでしょう。

事例、体験談、エピソードはイメージが湧きやすいだけでなく、再現性が高いので

す。営業パーソンからプレゼンを受けた課長が「へえー」と思ったことは、部長にそのまま報告してもらえば、同じように部長は「へえー」と頭の中では同じイメージを共有し、それをそのまま役員会で再現できるわけです。

その結果、受注率も高くなるのは当然です。

数字もエピソード化したほうが伝わりやすい

前の項で「数字で語ろう」と解説しましたが、同じ数字を使った表現でも「iphone〇〇の256GBの記憶容量」より「例えば写真なら1・7万枚、音楽なら2・6万曲がポケットに入れて楽しめます。まあ、2万曲を聴くのは大変ですが……」とエピソード化したほうが、圧倒的に何かできるかのイメージが伝わるでしょう。

同様にSUVの荷室の広さを表現する時、770L～1800Lと表現するより「例えば、ゴルフなら4バッグ（ゴルフのキャディーバッグを4つ積むこと）が可能です」という事例のほうが相当インパクトがあります。現実、4バッグが可能なSUVはほとんどないので。ただし、ゴルフをやらない人には通じないかもしれないので、その際は

「大きめのスーツケースが4個入ります」ならより多くの人に広さが伝わるでしょう。

商材は開発経緯で売れ

特にハイブランドの販売場面では、「モノを売るな、ストーリーを売れ」といった格言もあります。

あのエレガントなシャネル・スーツ。しかし、その原点は、1965年まで妻が銀行口座を作るのに夫の許可が必要だったフランス社会で「男に負けるものか！」という女性の象徴としての〝腕まくり〟――そんなストーリーに共感する女性たちがシャネルを支持したのでしょう。もはやグローバルでのハイブランドとしての地位を確固たるものにしています。

「モノを売るな、ストーリーを売れ」は当然、BtoBの世界でも同様の威力がありま す。その商材の設計思想、開発経緯や導入した企業の背景を話すといいでしょう。

「たとえ話」や「ユーザーの声」も効果的

　また、分かりにくい商材やその領域に明るくない相手にプレゼンする場合は、たとえ話が有効です。産業機械の場合、制御盤を人間の脳に例えたり、その他の機器やパーツを手足に例えたりして、自分の頭にあるイメージと同じイメージを相手に描いてもらうようにプレゼンするのです。

　あるいはプレゼンに「描写」の部分を盛り込むとリアル感が高まります。具体的には、導入した企業のユーザーのビフォー・アフターの生のセリフなどを再現するのが有効です。よくホームページなどに導入企業のロゴとともにユーザーの声が掲載されていますが、それらをプレゼンで生の声として手短に再現するといいでしょう。

8 相手に刺さらない時は軌道修正しよう（アドリブ可）

手元資料のページをどんどんめくってしまう人が出てきたら要注意

手元資料を配布した上でのプレゼン、開始5分程度経った辺りで、プレゼンしている箇所より先のページをどんどんめくってしまう人がいると非常にやりにくいものです。聞き手がせっかちな性格な人である可能性もありますが、すでにプレゼン内容を見切っている場合もあるので注意が必要です。

プレゼンに集中していただくために、紙の資料やデータ共有をプレゼン後にする方法もありますが、それでは逆効果になってしまうかもしれませんし、そもそもプレゼン内容に魅力がない場合は、見切られる確率は変わらないでしょう。

複数の人が手元資料のページを先に進めてしまったり、もしプレゼンに聞き入ってくれていない気配を感じたら、そのままの状態でプレゼンを進めないことです。そのまま進めても受注には至りません。

質問を使って仕切り直す

では、どうするか?

18ページのプレゼン資料を準備して5ページ目辺りで聞き手が興味を失ってしまったり、自分から離れてしまいつつあると感じたら、いったん仕切り直しをしてみましょう。

例えば、場の空気を変えるために「質問」を使ってみる。こんな感じです。

> ここまで、プレゼンの頭出しをさせていただきましたが、御社の顕在ニーズやあるいは潜在ニーズに沿ったものになっておりますでしょうか?
> 方向性のすり合わせのため、その辺り、御社のニーズのど真ん中にあることをお聞きできればと思いますが……。

そして「実は、弊社といたしましては～」から始まる回答で、相手の期待する方向性がある程度明確になったら、そのことについてポジティブなリアクションを取ります。もし、作成したプレゼン資料の中にその方向性に沿う箇所があったら、たとえ該当箇所が半ページ分だったとしても、そこに飛んで、その半ページだけを使ってアドリブでプレゼンをしたほうが良い結果になります。

用意がなければ再プレゼン獲得に全力を

そして、該当する箇所がまったくない場合は、そのまま進めても墓穴を掘るだけですので、再プレゼンの機会をいただく動きに全力を傾けましょう。例えば、こんな感じです。

失礼いたしました。
こちら、プランAという前提でプレゼンを開始してしまいましたが、実は御社によりお役に立てるのはプランBだったと確信できましたので……。

今回、プランＡをお話することによって、それが明確になったのは収穫でしたが、肝心のプランＢのプレゼンの機会を別途いただきたく……。

もちろん、自社にその商材がない場合はその先には進めないかもしれませんが、対応可能な場合はアドリブを駆使して、再プレゼンの機会をいただくようにしてください。

それだけで、年間を通しての受注率は上がってきます。

第5章

AI時代の交渉は「これ」だけ

AIがまだ発展途上中なのが交渉の場面です。クロージング、価格交渉、納期交渉など、様々な場面を想定したトーク案を得るべく、プロンプトをひたすらテストしてみましたが、細部の詰めが甘く、また一見もっともらしいウソが生成されてしまうこともあり、実践では使用できないレベルでした。つまり、AIに置き換えできない営業パーソンの腕の見せどころというわけです。そこで、この章では代表的な交渉場面での対処の仕方を共有します。

1 クロージングでは必ず結論を迫ろう

クロージングは交渉

営業での交渉を語る上で、まず最初に共有したいことは「クロージングは交渉である」という認識です。

クロージングとは、見積りや提案書をプレゼンした後に結論を迫る、商談を終結させる行為と理解している人がほとんどでしょう。しかし、売れる営業パーソンは「クロージング＝交渉」と心得て、その準備をしてクロージングに場に臨んでいます。

たくさんいるのです、なぜか、クロージングの交渉に強い営業部長やマネージャが。クロージングの時だけやってきて、劣勢を覆してその場で内諾を取り付けるクロージング部長の存在を忘れてはいけません。

せっかくリーズナブルな見積りを提示したり、他社より優れた提案をしながら、最後の最後に失注してしまうのは、クロージング場面でライバルに上手に交渉されてしまっているのが原因です。クロージングまでは優位なポジションだったのに、最後の最後に負けてしまえば、効率の悪い営業になるだけでなく、自信まで喪失してしまいます。

提案時や見積り提出時に結論を迫ろう

では、どうすればいいのか？

答えは簡単です。クロージング部長たちの手口を知って、同じ対処をするだけでいいのです。それだけで、オセロゲームのように負け星を勝ち星に換えられるので、やらない手はありません。

具体的には、提案時、見積り提出時に結論を迫ること。それだけです。このタイミングで「良い返事をお待ちしています」とか、「一緒にお仕事をするのを楽しみにしています」みたいな言葉だけを残して帰ってしまうと、競合に出し抜かれてしまいます。

相手に結論を迫るのが「がっついているようで相手に失礼」「カッコ悪い」「むしろ逆

効果」と思ってしまうかもしれません。競合のすべての上司もそうなら、話はハッピーエンドでしょう。

しかし、いわゆる営業の強い企業では新入社員の時からクロージングの作法を叩きこまれているので、あらゆる情報やテクニックを駆使して案件を取りにかかってきます。それを防御するためには、顧客のキーパーソンに対して提案なり、見積りを提出した流れで自然に結論まで持っていける口実を考えることです。

結論を迫るためのスマートな口実

ポイントは、結論を迫るためのスマートな口実です。これは生成ＡＩもお手上げの領域です。例えば、ＩＴ業界であれば「要員のアサイン」など、さもありなんという合理的な理由を口実にして、結論を迫るのです。具体的には、こんな感じです。

> 申し訳ございませんが、ご存じのように技術者の人月単価がどんどん上がっているだけではなく、そもそもJavaの技術者の要員確保に非常に苦労しておりまして

……。幸い今月、大きなプロジェクトが終了して、そこから何人かアサインできそうなのですが、実はＰＬ（プロジェクトリーダー）の取り合いになっております。もちろん、正式な発注書はご稟議の後にいただくとして、ＰＬと要員を確保するために部長の内示を本日いただきたいのですが……。

これがクロージング時の受注のための交渉です。

交渉で「発注書をいただけない理由」を把握する

念のため、これは発注書をいただくためでなく、逆に発注書をいただけない理由を把握するための行動です。「それは仕方ないですね。では、内示ということで……」といった回答はまれで、だいたい次のような展開になります。

「何を言い出すの大塚さん。オレの決裁権、いくらだか知ってる？　１００万円だよ、１００万。御社の見積り、７５００万円だよね。内示なんて出せるわけないでしょっ」

「はぁ……」

「そこまで言われたら、こっちも言わせてもらうけど、この予算7000万円しか取ってないんだよねぇ」

「えっ、7000万円ですかぁ……弊社といたしましても、ギリギリの数字で積算しておりまして……7000万円ですかぁ」

「うん」

「そしたら部長、いったん持ち帰らさせていただいて……というのが、このまま単純に7000万円にはできませんが、この仕様を変えて納期を○○まで伸ばしていただければ、7000万円に近い金額になる可能性が……すぐに弊社の部長とすり合わせて参りますので、明日、明日の午前10時とかって空いていらっしゃいますか？」


こういった交渉によって、顧客の予算が判明します。後は、その予算以下で対応できる提案にして再度クロージングできれば、受注確率がかなり高まることがお分かりになるでしょう。

これが、「クロージング＝交渉」ということの意味なのです。このケース、ただ7500万円の見積りを出して「良い返事を期待しています」では、結果は失注でしょう。

もちろん、クロージングの場面で、もっとシンプルに「いかがでしょうか？」とあえて漠然と聞く人もいます。これはこれで、圧なく結論を迫る方法でもありますので、使用できる範囲が広いメリットもあります。しかし、自社が有力な候補でない場合は、はぐらかされやすいデメリットもありますので、状況に合わせ上手に使ってください。

2 価格交渉は条件交渉化しよう

価格勝負では主導権を顧客に取られる

価格交渉は営業パーソンの手腕が試される場ですが、顧客の指値を飲むか、飲まないかという単純な構図にしてはいけません。この構図にしてしまうと、完全に主導権を顧客に取られています。特に商材がコモディティ商材だと価格勝負になりがちですが、それでも単に安価な金額にするだけでなく、互いの「落としどころ」を巡る条件交渉化するようにしましょう。

例えば、指値に応じる場合は数量を1・5倍の量にするとか、取引を次の仕様変更まで継続するなど、「この条件ならいくら、この条件の場合はいくら」という条件をつけるのです。

もちろん、価格競争力のある商材を扱っている場合は、そこまで神経質になる必要はないように思われますが、条件をつけることが無駄になることはありません。

値上げには「なぜ自社なのか？」という論理武装も必要

逆に値上げ交渉の場合は、その理由や根拠の明確化とストーリーが不可欠になります。

例えば、前回の改修工事と比較し「材料費が25％上昇」「人件費が30％上昇」「物流費が40％上昇」といった具合に積算根拠を明確にして、相手に説明のつく資料を準備しましょう（こうした価格交渉の材料を社内的にAI化することが可能であれば、それは営業パーソンの支援ツールにはなるでしょう）。

しかしながら、これだけでは不十分です。改修工事などでは既設有利とはいえ、顧客はコストを下げるために、他社にも声をかけるはずです。したがって、価格とは別に「なぜ自社なのか？」という論理武装も必要となります。

その際、組織人の最大の弱みは「責任」ですので、「コストを下げるために原材料の質を落とす」「熟練工の数を減らす」などのやりくりが後々の責任問題のリスクになることも示唆しておくべきです。

交渉する相手を間違えない

なお、価格交渉も、条件交渉も、交渉する相手を間違えてしまうと元も子もなくなってしまいます。

特に初めての取引の場合は、キーパーソンを読み違えないことが重要です。社長までご理解をいただいたのだから、受注確率90%以上と予測していた案件が、オーナーである会長を抱き込んだ競合他社に負けてしまうような事態は珍しくありません。

最終決裁者が誰なのかについては、必ず正確な情報を把握するようにしましょう。

3 納期交渉は「立ち位置」のバランスを取ろう

納期交渉は利害調整

メーカーや販社だけでなく、納期のある商材の全営業パーソンにとって、納期交渉もストレスが溜まりやすい場面です。

納期交渉というのは、たいてい「納期に余裕を持たせたい」自社の関連部門と、「なるべく早く納品してほしい」顧客との間で行われる利害調整となります。

したがって、営業パーソンが自社側の立場に立ちすぎると、顧客からはそっぽを向かれ、他社から調達されてしまうでしょう。かといって、それを恐れて顧客側の立場に立ちすぎると、今度は「営業は現場のことを何も分かっていない！」と施工部門や製造部門の協力を得られなくなります。

営業パーソンは、どうしても自社側と顧客側との間で板バサミとなりがちであり、どちらか一方の立場に偏らないスタンス、バランス感覚がキモになるのです。

過去の「貸し借り」でバランスを取る

では、どうやってそのバランスを取るかと言うと、具体的には過去の「貸し借り」で考えるのが良いでしょう。トラブル時の費用負担、キャンセルされた発注分の費用負担、保守部品の在庫期間などなど……貸しが多いのか、借りが多いのかで立ち位置を決め、交渉に臨みたいものです。例えば、こんな感じです。

> 前回は無理無理○○させていただいたので、今回の納期は申し訳ありませんが、△△までお待ちいただきたく……。

これは自社側に対しても同じことで、いざとなった時にひと肌脱いでもらえるように、日常的に製造部門、施工部門など関連部門には「社内営業」というスタンスで臨むことが大切です。

「お客様の要望だから」と一方的に都合を押しつけるのではなく、常日頃から手短でいいので「今こんな案件が進んでいます」「あの件は今、こうなっています」など、報告、連絡、相談のコミュニケーションを怠らないことです。

4 仕様の詰めは共犯者を作って臨もう

いかに自社に有利な仕様に決めさせるかが勝負のポイント

例えばシステム開発にしても、部材の仕入れにしても、ある程度大きな案件となると通常は顧客の側で仕様を決め、その仕様に沿って発注先を検討することになります。

こうした案件において営業パーソンが勝負すべきは、仕様が決まった後ではなく決まる前、仕様の詰めの段階。なぜなら自社が持つ強みを発揮できるような（できれば自社にしかできないような）仕様に決まれば、それだけ自社が有利になるからです。

昨今、コスト削減の流れから、特に官公庁案件や社会インフラ企業を中心に、特定の企業にしかできない技術は仕様から外される傾向が強まってきました。そのような環境において、いかに自社に有利な仕様に決めてもらうか？　そこが、営業パーソンの交渉の腕の見せどころとなります。

そのためには、どんなことが必要か？

大前提として、まずは自社の強みは何なのか、言い換えれば「なぜ自社なのか」「なぜ自社の技術なのか」もしくは「なぜ自社製品なのか」をしっかり説明できる部分を明確にしておきましょう。発注先選定の際に自社が主導権を取れる理由を徹底的に探さなければなりません。

「自社推し」を通じて「他社推し」「合理性推し」への対策を練ろう

その上で、自社に有利な仕様に決めてもらうためには、顧客を味方につけることが大切です。

ここで難しいのが、通常、仕様を決める際には顧客企業の中の関連部署から何人かが集まって、チームで検討するという点です。たった1人、キーパーソンを口説き落とせばOKというわけにはいきません。

このような場合、顧客側の仕様検討チームの中の登場人物を「自社推し」「他社推し」「合理性推し」に区分けし、それぞれに対応してきます。

①自社推し

自社推しはまさに共犯者。「共犯者」と表現してはネガティブな印象になってしまいますが、肯定的な意味での「共犯関係」を構築したい相手です。言い換えれば、自社に有利な仕様になるような工作を一緒に考えていただくパートナーになっていただきます。

具体的には、自社推しの人を通じて顧客内部の情報を取りつつ、他社推しの人への対応策を協議していきましょう。

②他社推し

他社推しというのは自社から見れば邪魔をする人ですが、敵対すれば今後に禍根を残すことになりかねません。なので、味方にはなってもらえなくても、せめて敵にならないポジションにまで引き上げる動きが大事です。

そのためには、まず、なぜ他社推しなのかの理由を、自社推しの人に調べてもらうなどしましょう。そして、その理由をもとに「大所高所から見れば、結局自社を選択するのが一番いい」という論理を軸にして、同じベクトルとなる方向性を探りましょう。

③合理性推し

合理性推しの人は、意思決定の基準が明確です。差別化のポイント重視なのか、コスト重視なのか、付き合いの長さ重視なのか、実績重視なのか、そのウエイトを自社推しの人を通じて聞き出して、その基準にもっとも沿っているのが自社という論理を展開するようにしましょう。

5 条件交渉はギブ&テイクで考えよう

交渉は100%ギブ&テイクの世界

価格交渉、納期交渉、仕様の詰め以外にも、営業パーソンは顧客と大小様々な交渉をしなくてはなりません。

例えばトラブル時の交渉（この後の章で詳しく解説します）や、仕様変更の交渉、契約内容の交渉、契約の延長交渉、在庫の引き取り交渉などなど……会社の窓口である営業パーソンは常に交渉の矢面に立たされています。

その際、まず心得ておきたいのが「交渉は100%ギブ&テイクの世界だ」ということです。ここで言うギブは「顧客に提供できるもの（顧客の要望を呑むこと）」、テイクは「自社が得るもの（自社の要望を通すこと）」を指します。

交渉に「すべてをテイクする」はあり得ません。ギブできるものがないなら、交渉にならないのです。

したがって「何をギブし、何をテイクするか」、その落としどころを探すというのが、営業パーソンの腕の見せどころとなります。

交渉を有利に進めるための３つの「ギブ」

では、自社になるべく有利な条件でギブ&テイクを成立させるために、営業パーソンはどのような「ギブ」を用意しておくべきでしょうか？

基本となるのは、次の３つです。

①自社だけが提供できること

まずは「自社だけが提供できること」を徹底的に探し切ることです。他社には提供できないものであれば、それだけ希少価値が出て、交渉を有利に進められます。

それがない場合は、どんなに小さなことでも構わないので、自社が有利な点を３つは用意しておくこと。どんなに小さなことでも3つ集めれば、それなりの理由に思えてくるものです。

②過去の貸し

条件交渉も過去との延長線上にあるというスタンスも大事です。やはり、過去の貸し借りがベースになりますので、交渉が有利になる貸しがあるなら、使わない手はありません。

③「あなたは特別」感の演出

これは「ギブ」そのものというより、その与え方のテクニックですが、いかに「あなたは特別」と思わせるかもポイントになります。例えば、こんな感じです。

ホントはやれないのですが、○○さんだから……

実はこれ、あるメーカーの営業部隊のトップだったN氏が得意としていた戦法です。

N氏曰く、「コンプライアンスには反しない範囲で、スタンダードより一歩踏み込んでいる感を与えることがコツ」なのだそうです。

6 専売交渉、併売交渉はコンサルティングで攻めよう

ビールでお馴染みの「専売」と「併売」

ちょっと特殊な交渉として、専売交渉や併売交渉があります。

専売交渉とは、代理店、卸、量販店などに対して自社製品だけを取り扱うように交渉することです。一方、併売交渉というのは、自社製品が入ってない相手に対して、今入っている他社製品との併売を交渉することを指します。

分かりやすい例としては、飲食店や居酒屋を思い出してください。アサヒビールとサントリーのビールの両方を置いていれば併売店ですし、生ビールも瓶ビールも黒ラベルであればサッポロビールの専売店ということになります。

もしあなたがアサヒビールの営業パーソンであれば、サッポロビールの専売店に対し

て、まずは併売から仕掛けて店内シェアを高める動きをし、次のステップとして専売交渉を仕掛けるかもしれません。

あるいは、あなたがサントリーの営業パーソンであれば、アサヒビールの専売店にまずはウイスキーとワインで入り込み、次に「生ビールをプレミアムモルツに」という併売提案を仕掛けるかもしれません。

経営の語れる営業パーソンが最強

こうした専売交渉、併売交渉を仕掛ける際に、商品そのもので差別化するのは困難です。正直、大手4社のビールは全部うまいのです。味の違いはもう「好み」と言うしかありません。また、ジョッキやサーバー、のぼりなどの什器備品類を提供することも多いですが、この点でも大きな差は出せないでしょう。

となると、どこで勝負するのか？

答えは、情報やノウハウの提供です。

例えば酒類の販売推移データや「繁盛店レポート」「人気メニューレポート」など、

店舗経営に役立ちそうな情報を日常的に提供したり、昨日入ったバイトでもおいしく作れる飲みもの・食べものメニューを提案するなどなど……そうした活動が認められた上での専売交渉であり、併売交渉なのです。

「お店が繁盛してこそ、自社商品の販売量も伸びる」というWin-Winの関係を築くことが重要であり、そのために顧客とは営業と言うよりコンサルタントと言う立場でかかわるイメージになります。

要は、経営を語れる営業パーソンが最強なのです。

これはビール業界に限らず、商材そのものでは差別化しにくいコモディティ的な商品を扱う業界であれば、どの業界にも通じる話です。コンサルティングと言うとＩＴ系のソリューション営業を思い浮かべるかもしれませんが、実は商材そのもので差別化しにくい業界でこそ、営業パーソンのコンサルティング能力が問われることを覚えておきましょう。

第6章 AI時代のトラブル対応は「これ」だけ

すでにコールセンターなどでは、いち早くAIが導入されて、チャットボットやオペレーター対応、上席へのエスカレーションに生かされています。しかしながら、BtoBのトラブル対応場面でAIが成果を上げた声はまだ聞こえてきてはいません。時間の問題だと推察しますが、現段階では人の感情を解さないAIはトラブル対応が苦手なようです。ですので、この章ではAIが戦力化する前段階での、トラブル対応の基本セオリーを紹介します。

1 初動を最速にしよう

初動が遅いだけで顧客のイライラは募る

国内外の証券会社を渡り歩き、現在ＩＴ企業で役員を務めるＫ氏は、これまでのあまたのトラブル対応から「素早く、正確に、誠実に」という三原則を学び、そのように部下を指導しているそうです。

Ｋ氏の三原則の最初に「素早く」が登場するように、トラブル対応は初動の速さがキモもなります。初動が遅いだけで、顧客のイライラは募るのです。

トラブルを抱えた相手も組織の人間ですので、関連部署や上司にそのトラブルの原因や対応策、解消の見通しなどについて報告、共有しなければなりません。その報告や顧客内の対応のための情報が遅いだけで、「使えない営業パーソン」の烙印を押されかねません。

とはいえ当然、トラブルの原因究明や現状の報告に技術部門の解析が必要だったり、技術の確認を必要とする場合は、どうしても対応に時間がかかってしまいがちです。その際でも、「今、どういう状況になっているのか」を小まめに顧客に報告し、「どうしてくれる?」「早く回答しろ!」に対して、代替案をキチンと示すことが重要になります。

途中の報告を怠らず、ごまかさないことで、無駄を省ける

さて、「素早く、正確に、誠実に」に戻りますが、実はこれをできる営業パーソンが意外に少ないので、差がつくポイントであることを知っておきましょう。「正確に、誠実に」も、顧客や上司にウソをつかないのはもちろんのこと、途中の報告を怠らず、ごまかさないことによって、結果的に無駄な時間を省くことができます。

ある大手メーカーは、地方の大口顧客で引き起こしたトラブルの結果、その顧客に出入り禁止となり、10年経った現在も取引がないそうです。関係者が異動となっても、定年になっても、「○○は使うな」と申し送りされているからです。

ところが、そんな事態を引き起こした原因はトラブルそのものではなく、「トラブルの報告の仕方がまずかったから」なのだそうです。要は著しく「誠実さに欠けた対応」と感じたのでしょう。

トラブル発生時は、それが自社の責任なのかの原因究明に迅速に着手するのはもちろんですが、その結果が判明する前に、トラブルに即応していることや途中経過などを小まめに報告し、誠実に対応していることを分かってもらえるようにしましょう。

2 謝罪の対象を明確にしよう

トラブル時は社交辞令がオウンゴールになってしまう

日本人は「I'm sorry」と言いすぎると、よく指摘されます。特に営業パーソンは「スミマセン」「申し訳ございません」と言いすぎる傾向があります。相手との関係性を円滑にする方策でもありますが、謝罪の際には注意が必要です。

例えばトラブル時、その原因が自社や営業パーソンによることが明確になっているならば、もちろん「申し訳ございません」と言うべきでしょう。

問題は自社の非ではない時、あるいはまだ自社の非が判明していない初動時です。平時でも「あっ、言葉が足りずにスミマセンでした」「お忙しいところスミマセンが、○○部長はお手すきでしょうか?」とやっている営業パーソンはついつい「ご迷惑をおかけして申し訳ございません」と開口一番に頭を下げてしまうのです。

営業パーソンとしては社交辞令のつもりでも、トラブル時は不用意と言わざるを得ません。こちらに非がある流れ、文脈になってしまいます。「被害者は買い手」「加害者は売り手」となって、トラブル時の交渉の主導権を奪われてしまう、完全にオウンゴールの言質となってしまうのです。

初動時は「不快にさせたこと」を謝罪する

ならば、初動での開口一番、顧客に対してなんと言えばいいのでしょうか?

やはり謝意のようなニュアンスでスタートさせるのが自然な気もします。

そんな場面では、謝罪の対象を明確にするのがスマートです。要は、「不快にさせたこと」を謝罪するのです。例えば、こんな具合です。

不快な思いをさせてしまい、ホントに申し分けございません。
現在、現物を回収させていただいて、解析中ですので、緊密に状況の共有をさせていただきます。

これならセット品などで他社部品の品質不良が原因と判明した折、その解析費用負担の交渉を巡り、自社の非を認めたわけではないので、「最初に非を認めたじゃないですか」とはならないでしょう。

トラブルはすでに起こってしまいました。起こったことをどうこう考えず、冷静に処理することに意識を集中したほうが良い結果になるはずです。

3 顧客にも、上司にも、関係部門にもウソをつかない

「ウソも方便」が許されない社会になった

「ウソをつかない」なんて当たり前のことに、わざわざページを割くなんて鼻白む部分もあるのですが、その一方で営業には「ウソも方便」と言うか、「正直に言わないほうが丸く収まる」部分もあったりするものです。

ただし、それは内輪で勝手に「丸く収まる」と都合よく解釈しているだけで、実は社会的にはアウトなのかもしれません。最近、大手メーカーの試験結果の虚偽記載、改ざん、データ差し替えなどが発覚して問題になったこともありました。

「顧客ニーズやコンプライアンスより、上司や親会社のニーズに沿うことが第一」という判断が会社の存続にまで影響を及ぼすようになったのは、社会が成熟したという意味

で歓迎すべきなのでしょう。

小さなウソが大きなリスクを生み出すことも

そんな時代ですから、不要なトラブルを予防するためにも、すべての営業パーソンに改めて「顧客にも、上司にも、関係部門にもウソをつかない」ということを意識してもらいたいと思います。

例えば、顧客が心配して「○○の納期は大丈夫ですか？」と何度も念押しの質問をしているのに、手配を先延ばしにしたまま、これまでの経験則から独断で判断して「大丈夫です」と回答してしまう。自社の営業ミーティングで上司から再三「納期は大丈夫か」と確認されていたにもかかわらず、こちらも自己判断で「大丈夫です」とやり過ごす……。

その結果、納期に間に合わなくなったといったトラブルが起これば、顧客側は当然営業パーソンの「ウソ」と判断するはずです。そうなれば、出入り禁止や営業パーソンの変更だけで収束せず、機会損失を含めた損害賠償に発展することも珍しくありません。

サプライヤーに確認する、たったそれだけの手間を惜しんで、このようなリスクを負う必要はないはずです。

10のウソをつかないために、最初の小さなウソもご法度

このように、できるか分からないことを確認もせずに「大丈夫です」「できます」と出まかせで返答してしまうのは、結果的に「ウソ」になってしまいます。

営業会議で上司から詰められるのがイヤで、見込みがほぼほぼなくなった案件をそのままSFAや管理帳票に残してしまったり、訪問もしていない顧客を訪問日報に記載して訪問件数を稼ごうとするのも「ウソ」です。

ウソというのは、1つウソをつくと辻褄を合わせるため、10のウソをつかなくてはいけなくなるものです。営業パーソンたるもの、最初の小さなウソもご法度と心得ておきましょう。

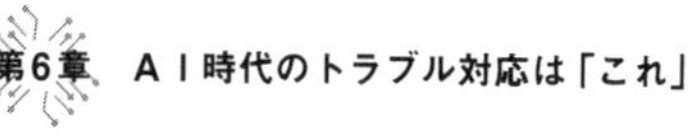

4 定番プロセスに沿って粛々と対応しよう

メーカーは解析に時間を要する分、小まめな報告が大切

営業の仕事の半分以上がトラブル対応といった業界もあります。

例えば、カスタム比率の高い電子部品メーカーも、その1つ。そんなメーカーの営業部長Hさんは、行き当たりバッタリの対応をせず、最初からトラブル対応のイメージを持って対応するように部下を指導しているそうです。

トラブル対応には定番プロセスがあるので、自社の業務フローに沿って、粛々と対応していくことが大切です。

ここでは参考までにメーカーとリテール（小売業）のトラブル対応プロセスを紹介しておきましょう。まず、BtoBのメーカーのプロセスは図のようになります。

メーカーのトラブル対応プロセス

①原因究明のための情報収集、現品回収を行う

②トラブルの波及範囲を顧客と共有する

③原因を究明する

④復旧、対応策を検討、実施する

⑤責任区分を明確にする

⑥補償、費用負担を交渉する

⑦再発防止策を明示する

初動のスピードの速さがキモとなるのは、素早く動いて、正確に顧客に報告できれば、相手も対応ができるからです。もちろん実際には、技術の解析に時間を要する場合も少なくないので、今どういう状態なのかも小まめに報告するようにしましょう。

リテールはカスハラもどきも混じるので、日常的な訓練を

一方、ＢtoＣでは、トラブル対応プロセスはもっと泥臭くなります。リテール（小売業）の現場ではカスハラもどきも混じるので、マニュアル整備とオペレーションの共有、日常的なロープレなどによる練習で、訓練しておきたいものです。

正直、新しい技術や最先端の技術であればあるほどトラブルは多くなりますし、原因究明に時間を要する場合も少なくありません。営業パーソンの落ち度やミスではない場面でも、トラブル時の矢面に立つのが営業パーソンの宿命です。

ただ、自分の落ち度ではないからこそ冷静にもなれるわけで、粛々とトラブルと収束させてほしいと思います。

胃を痛めつつトラブル処理をしても、半年後には誰も「何のトラブルだったかも」記

リテールのトラブル対応プロセス

①クレーム、クレーマーレベルの区分け

②上司への報告のためという口実で「メモ」「記録」の許可を得る（※上司に報告するために「メモ」を取っていることを相手に理解させる）

③どんどん、具体的な質問をしていく（※顧客の体温を下げる効果）

④回答を記録（※顧客が冷静になる効果）

⑤「誠意を見せてほしい」の「誠意」の中味の確認（※「お金」「金券」の要求は脅迫なのでNG）

⑥「社長を出せ！」の中味の確認（※返金してほしいのか、謝罪してほしいのか）

⑦ステッカーなどの「おまけ」のお土産が大事（※スペシャル感の演出）

憶していないかもしれません。ですからトラブルプロセスの最後に「自分を苦しめない」こと、つまり営業パーソン自身のガス抜きの必要性も共有しておきたいと思います。

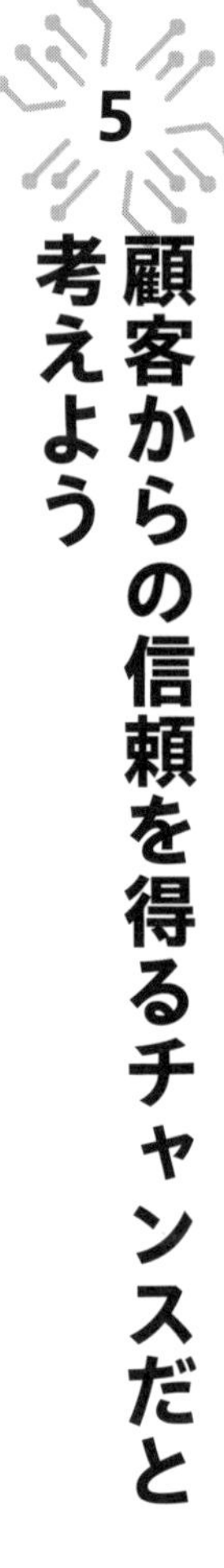

5 顧客からの信頼を得るチャンスだと考えよう

雨降って地固まる

トラブル対応やクレーム処理というものは、ホントに不思議なものです。誰もがやりたくなんてありませんし、できれば避けたいストレスフルな仕事ではないでしょうか。ところが、そのトラブル対応によって逆に顧客との関係性が良くなることが少なくないのです。

営業パーソンに「営業で大切にしたいことは？」とか「営業で重要なことは？」と尋ねれば、多くは「顧客との信頼関係」と回答するでしょう。では、その「信頼関係」はどこから生まれるものなのか？

実は、「トラブル対応」「クレーム対応」がきっかけとなるケースが圧倒的に多いのです。まさに「雨降って地固まる」というやつです。

トラブル処理もクレーム処理も、そもそもはマイナスをゼロに戻す行為に過ぎません。特にプラスを生み出しているわけでないはずです。それなのに、それが営業パーソンにとって一番大切な「顧客との信頼関係」を生み出す機会になるとは……営業の神様からのご褒美みたいな話です。

ＡＩには生成できない「ホンモノの信頼」を生み出すために

もちろん、本音を言えばトラブルもクレームも起こってほしくはありません。

しかし、ものは考えようで、スムーズに仕事が流れている時には、なかなか信頼関係を築くことも、深めることも難しいものです。なぜならトラブルなどの非常時のほうが、営業パーソンや会社の姿勢が明らかになるからです。

「最後まで逃げない、真摯に向き合う、誰かのせいにしない」といった姿勢。「原因の特定に時間がかかっている時でも状況報告を欠かさない」といった真摯な態度。それこそが、顧客にホンモノの信頼を生み出すのです。

こうした人の心の機微をＡＩが理解することは永遠にないでしょう。だからこそ、人間である営業パーソンの出番と言えます。

そういう意味で、トラブルや非常事態はチャンスに違いありません。信頼関係の構築や営業パーソンとしての成長の機会ととらえて、上手にトラブルと付き合っていきたいものです。

6 業務改善や新製品開発のヒントを見つけ出そう

トラブルには業務改善や新製品開発のヒントが隠れている

トラブルやクレームの矢面に立つのは営業パーソンの宿命ではありますが、そうした事態を収束させて、顧客との信頼関係を深くするだけが、その役割ではありません。トラブルを通じて得た製品・サービスの改良のヒント、オペレーション改善のヒントを関係部門や経営陣に伝えるのも、営業パーソンの重要な役割と言えます。

実際に、トラブルから学習し、業務改善をしたり、新製品の開発やバージョンアップに役立てた事例は数えきれないほど存在します。

例えば、半導体メーカーの事例を紹介しましょう。

もともと半導体メーカーは巨額な設備投資を要する装置産業という側面があります。

そのため柔軟な生産調整が難しく、常に一定量を出荷できるのが理想とされています。

一方でその半導体を搭載する最終製品（電化製品など）の需要は、当然、市況に左右されます。結果として、半導体メーカーの営業パーソンは長年「当初のフォーキャスト通りに生産したい会社（半導体メーカー）」と「市況に応じて柔軟に仕入れ量をコントロールしたい顧客（最終製品メーカー）」の間で板挟みになっていたのです。

最終製品が予想以上に売れれば半導体の供給が追いつかずに顧客から文句を言われ、逆に最終製品が予想に反して売れなければ半導体は不動在庫になる……そうした営業パーソンの苦境を打開するために生み出されたのが某社の「30日ルール」です。これは、顧客から発注されたカスタムチップを製造する際に、納品の30日前までは他に転用できる汎用的な半加工品に留めておくという生産管理手法です。これによって会社は生産量を安定させることができ、顧客はギリギリ30日前までは市況に応じて注文のキャンセルが可能になりました。

半導体業界にこうした独自の生産管理手法が生み出されたのも、営業パーソンが顧客の要望を吸い上げ、生産部門へ粘り強くフィードバックし続けた成果と言えます。

お客様の声は宝の山

同様の事例は他の業界でもたくさんあります。例えばシステム開発業界では、保守・運用で表出した課題を次の開発に反映させるのが常となっています。パッケージソフト業界でも、顧客からのクレームや、使い勝手に関する問い合わせや要望を次のバージョンアップの要件にすることはよくあります。

現場での「欠品が多い」「回答が遅い」といった営業パーソンをブルーにさせるお客様の声（ＶＯＣ）は、それが解決できれば自社の売上拡大、利益拡大の絶好のチャンスになるのです。

今日、これだけの製品、サービスが溢れてしまうと、簡単に開発テーマや業務改善のヒントを得ることはできません。顧客や市場に一番近く、トラブルの際は火の粉をかぶる営業パーソンは、そうしたヒントの中で日々過ごしているようなものです。

どうか、その価値に気づいて、あなた自身の日々の営業をより意味のあるものにしていってください。

巻末資料

営業パーソンが知っておくべきAIプロンプトは「これ」だけ

生成AIを営業活動に活用するにあたっては、どのように指示を出せば望む回答を得られるか、入力すべきプロンプトの「型」を知っておくことが大切です。そこでここでは本文で紹介したものを中心に、営業パーソンが知っておくべき主なプロンプトの例文を集めました。生成AIを使いこなすには実際にいろいろ試してみるのが一番ですので、まずはこれらのプロンプトを入力して、どのような回答が生成させるかぜひ確認してみてください。

1 アプローチトーク、メール

プロンプト例①

あなたは総合人材サービス会社のトップセールスパーソンです。新規で運送業の採用責任者からアポイントを獲得するテレアポのトークを教えてください。

生成された回答を見て、必要に応じて

さらに詳しく。

生成された回答を見て、必要に応じて

切り口を変えて。

プロンプト例②

あなたは○○業界A社のトップセールスパーソンです。△△業界の××社に新規でアポイントを依頼するメール文を教えてください。

※○○、△△、××に具体名を入れてください。

生成された回答を見て、必要に応じて

さらに詳しく。

生成された回答を見て、必要に応じて

切り口を変えて。

2 キーパーソンの調査

プロンプト例

○○社に営業研修の営業を仕掛けたいのですが、キーパーソンを教えてください。

深掘り

実名は分かりますか。

※生成ＡＩは有名人以外の個人名には弱いので、所属部署などから「異動ニュース」「役職者データベース」「求人サイト」などで必ず正誤を検証する。

深掘り

直通電話番号は分かりますか。

※直通電話番号については「プライバシーとセキュリティの観点から提供できない」となる可能性大。部署名、実名が分かっているなら代表電話から。代表電話から回してもらえない時は代表番号の1番違い、2番違いに電話し、回してもらう。SNS、ネット、名刺管理システムから入手できる場合も。

3 相手の課題、お困りごとの把握

プロンプト例①

あなたはITベンダーのトップ営業パーソンです。ホームページに問い合わせのあった通信キャリアの情報システム部門に初回訪問する際、相手が興味、関心を持っているテーマは何でしょうか。箇条書きで教えてください。

領域を絞る

ネットワークセキュリティについてさらに詳しく教えてください。

プロンプト例②

あなたは食品スーパーのバイヤーです。現在、困っていること、課題と思っていることを教えてください。

↓ 生成された回答から1つ選んで領域を絞る

○○について、その要因は何ですか？

↓ 深掘り

××について、さらに詳しく。

4 商談時の開口一番の話題の選択

プロンプト例

あなたはＯＡ機器販社のトップセールスパーソンです。客先訪問の雑談で、相手が喜ぶ話題を教えてください。

※「ＯＡ機器販社」はあなたの業界、業種名に変更してください。

5 商品説明

プロンプト例

あなたは総合人材サービス業界のトップセールスパーソンです。商品説明のコツを教えてください。

※「総合人材サービス業界」はあなたの業界、業種名に変更してください。

6 交渉

プロンプト例

あなたは○○社のトップセールスパーソンです。取引先の購買部（もしくはバイヤー）からB社より仕入れ値が高いと言われた場合の切り返しトークを複数教えてください。

おわりに

AIの進化はすごいけれど……

昔、私はリクルート時代のどぶ板営業への反動から「知的な営業」、つまり提案営業やソリューション営業にあこがれたものです。しかし結局、それらのハイブリッドが最強というのが、営業指導歴30年になる私の結論です。

ＡＩについても、同様です。この本の執筆開始から出版までの半年間でさえ、ＡＩは進化し、新しいＤＸソリューションもどんどん登場しています。

商談場面の音声解析から最適な商品をＡＩが選択する、といったシステムを内製して実戦投入した企業も出てきましたし、過去の取引すべてをＡＩに読み込ませた内製の営業支援システムを開発中の企業も少なくありません。

そもそも論ですが、音声解析でＡＩに最適な商品を選択させるくらいなら、いっそ営業パーソンなど介在させずにインサイドセールスに任せたほうがより効率的な気もします。

さらに言えば、コモディティ商材については、インサイドセールスもフィールドセールスも介さず、受注までAIで対応できそうです。AIアナウンサーがニュース原稿を読む時代ですので、トップ営業パーソンのアバターのほうが、売れない営業パーソンより案件化率は高いのではないでしょうか。

しかし、ある一定金額を超える受注生産型の商材については、AIを上手に生かしつつも、営業パーソンの介在価値が受注・失注に大きく影響する時代がしばらくは続きそうです。

営業パーソンは永遠に不滅です

結局、いくらAIが進化しても、営業という仕事はなくならないのです。

むしろ、これまで業務時間の半分以上をトラブル対応や社内営業、社内書類の対応に割かれてきた多くの営業パーソンにとって、社内調整や管理帳票のDX化、AI化によって顧客訪問に費やせる時間が増えるのは朗報でしょう。

いずれにしても、世の中がどう変化するにせよ、一番大事なのはあなたの業績です。ＡＩの進化を上手に利用しつつ、「人として」あなたが顧客にもたらす恩恵の最大化を目指しましょう。

あなたの営業を私は応援し続けます。ここまで読み進めてくださったあなたの営業パーソンとしての成功、あるいは営業管理職として、経営者としての自己実現を願ってやみません。

この本を通じた対話によって、あなたが、なんらかのヒントやプラスの兆しを得ていただけたなら望外の喜びです。

２０２４年　記録的酷暑の夏

大塚寿

企業の営業力強化を支援する！「営業サプリ」のお知らせ

本書著者・大塚寿もＣＫＯ（Chief Knowledge Officer）として参画する「営業サプリ（株式会社サプリ）」は、営業の型づくり・営業人材育成を通し、営業パーソン・営業マネージャのスキルアップ、属人化の解消、ソリューション営業への転換など、営業組織における様々な課題解決を支援いたします。

https://www.sapuri.co.jp/

【ポイント①】売れる営業の型づくりサービス

売れる営業パーソンの行動から、貴社独自の営業ノウハウを「型」として見える化。育成プログラムと連携し、「型」の教育・定着までのご支援をいたします。

【ポイント②】強い営業人材育成サービス「営業サプリ」

eラーニング×個別指導形式の「コーチ伴走型」の営業育成プログラム。知識として「分かる」だけでなく、実際に「できる」→「売れる」までをサプリコーチがサポートします。営業の基本スキルから営業マネジメントまで、営業部隊に必要な様々なコンテンツを装備したプログラムを用意しています。

コースラインナップ

ベーシックコース	法人営業に必要なスキルを、事前準備からアプローチ、クロージング、アフターフォローまで、営業の各ステップに応じて学習いただけます。
アカウントマネジメントコース	ポテンシャルはあるが取引を拡大しきれていない顧客からの売上を最大化するために、顧客満足度を高めつつ、戦略的・計画的に受注率・受注額を高める方法を学びます。
営業マネジメントコース	営業マネージャのマネジメントに必要な、営業戦略・戦術立案、目標管理・プロセスマネジメント、組織作りといったスキルを体系的に学習いただけます。
部下育成スキルアップコース	部下育成に必要な、教えるスキル、フィードバックスキルなどのスキルの他、育成計画の立て方、面談の仕方などを学べます。
みんなで勝ちパターンコース	誰でも実践できる「営業の型」を構築し、営業スキルの個人格差を解消、ノウハウをチームの財産として蓄積することで組織の営業力を強化します。

■著者プロフィール

大塚　寿（おおつか・ひさし）

◎1962年、群馬県生まれ。株式会社リクルートでトップセールスとして活躍した後、サンダーバード国際経営大学院でMBA取得。1994年、オーダーメイド型企業研修を展開するエマメイコーポレーションを創業し、現在に至る。受講者の実案件ベースからスタートする並走型の営業研修、「売れる営業の型づくり」を実現する営業コンサルティングが日本の主力企業で好評を博し、中堅企業オーナーから熱い支持を得ている。

◎営業パーソン210万人が読んだオンライン講座「営業サプリ　売れる営業養成講座　営業の教科書」の執筆、リクルート社の伝説の営業管理職がコーチ陣に名を連ねるオンライン営業研修の総合監修を担当。株式会社サプリCKO。

◎著書に、シリーズ28万部のベストセラー『40代を後悔しない50のリスト』（ダイヤモンド社）、『できる50代は「これ」しかやらない』（PHP研究所）、『＜営業サプリ式＞大塚寿の「売れる営業力」養成講座』（日本実業出版社）など30数冊。

〈エマメイコーポレーション・オフィシャルサイト〉　https://emamay.com
〈営業サプリ・オフィシャルサイト〉　https://www.sapuri.co.jp/

AI時代の営業は「これ」だけ！

発行日　2024年10月 7日　　第1版第1刷

著　者　大塚　寿

発行者　斉藤　和邦
発行所　株式会社　秀和システム
〒135-0016
東京都江東区東陽2-4-2　新宮ビル2F
Tel 03-6264-3105（販売）Fax 03-6264-3094
印刷所　三松堂印刷株式会社　　Printed in Japan

ISBN978-4-7980-7385-9 C0034

定価はカバーに表示してあります。

乱丁本・落丁本はお取りかえいたします。

本書に関するご質問については、ご質問の内容と住所、氏名、電話番号を明記のうえ、当社編集部宛FAXまたは書面にてお送りください。お電話によるご質問は受け付けておりませんのであらかじめご了承ください。